Liebe Lernerin, lieber Lerner,

dieses Buch ist speziell für Schülerinnen und Schüler der Klassen 4 bis 6 geschrieben worden. *Lernen lernen – clever gelernt* enthält unzählige Tipps und Tricks für deine Schulfächer und deine Aufgaben. Aber du kannst das Buch auch getrost deinen älteren Geschwistern, deinen Eltern und Verwandten zu lesen geben. Denn Lerner sind wir alle ein Leben lang!

Lernen lernen – clever gelernt ist in zwei Teile geteilt.

Teil A enthält allgemeine Hinweise zum Lernen:

- Du erfährst, was es für Lerntypen gibt;
- Du kannst dich über Lernvoraussetzungen – sowohl in deinem Kopf als auch an deinem Schreibtisch – informieren;
- Du bekommst praktische Tipps, wie du am besten an Hausaufgaben, Referate und Präsentationen sowie Prüfungen herangehst;
- Du trainierst Lerntechniken, die den Stoff leicht, schnell und langfristig in dein Gedächtnis bringen.

In Teil B geht es um einzelne Schulfächer:

- Du lernst, wie du im Lesen und Schreiben sicherer wirst – diese Fähigkeiten brauchst du für alle Fächer;
- Du bekommst Tipps gegen Rechtschreibfrust;
- Du erfährst, welche Techniken besonders geeignet sind, um in Mathe, dem Sachunterricht und naturwissenschaftlichen Fächern gut mitzukommen.
- Du lernst Tipps und Tricks kennen, die dir das Lernen in den Fremdsprachen erleichtern.

Jedes Kapitel ist in Unterkapitel eingeteilt, die ein bis zwei Seiten lang sind. Du hast also das ganze wichtige Wissen zu einem Thema auf einen Blick vor dir. In kurzen Absätzen erfährst du wichtiges Hintergrundwissen und vor allem viele praktische Anweisungen, wie du dein Lernen am besten gestalten kannst. In Kästen liest du besonders wichtige Hinweise, Beispiele und Übungen. Querverweise zeigen dir, auf welchen anderen Seiten du etwas Spannendes zum Thema nachlesen kannst.

Vorwort

In *Lernen lernen – clever gelernt* stehen sicher nicht alle Lerntipps dieser Welt. Dazu reicht der Platz einfach nicht aus. Es enthält hauptsächlich Tipps und Techniken, die du bei deinen eigenen Lernaufgaben ausprobieren und anwenden kannst.

Mein Tipp: Lies zunächst das Kapitel zu einem Bereich, der dich besonders interessiert. Vielleicht, weil du dort viele Schwierigkeiten hast, aber vielleicht auch, weil es dein Lieblingsfach betrifft. Suche dir dann zwei oder drei neue Techniken aus diesem Bereich aus und wende sie probehalber an. Wähle die Technik, die am besten zu dir passt, und bleibe eine Weile dabei. Nach ein paar Wochen kannst du etwas Neues ausprobieren. Denn auch beim Lernen gilt: Wer rastet, der rostet.

Viel Spaß beim Lernen – und Lernen lernen!

Anne Scheller

A.

B.

A.1. Lerntypen

Welche Lerntypen gibt es?

Lernen funktioniert nicht **bei jedem gleich.** Das hast du in der Schule vielleicht schon erlebt: Ein Schüler hört dem Lehrer zu und weiß gleich alles. Eine andere schreibt sich den Stoff auf und malt ein Bild dazu, um es zu begreifen. Und wieder jemand anderer muss erst einmal ausprobieren, anfassen und experimentieren, bevor der Stoff im Hirn haften bleibt. Experten sagen, es gibt verschiedene **Lerntypen.**

Lerntyp Sehen

Schreibst du die Vokabeln beim Lernen oft immer wieder **ab**? Malst du dir ein **Bild** vom Hecht, um endlich die Wörter Flossen, Kiemen und Seitenlinie zu behalten? Dann bist du vielleicht ein Lerner vom Typ Sehen.

Dir hilft beim Lernen:

- aufschreiben,
- lesen,
- Bilder malen und anschauen,
- Schaubilder (Grafiken) malen und betrachten,
- dir etwas als Handlung oder Bild vorstellen.

Probiere mal aus:

- Stichworte aufschreiben,
- wichtige Wörter mit einem Farbstift markieren,
- ein Lernvideo zum Thema ansehen,
- ein Lernposter erstellen,
- mit der Lernkartei arbeiten.

Auf Seite → 42 erfährst du Gedächtnistricks speziell für sehende Lerner!

Lerntyp Hören

Kannst du den Stoff einer Stunde gut mit eigenen Worten wiedergeben? Erzählst du gerne deinen Eltern oder Freunden von spannenden Themen, die dich interessieren? Dann könntest du beim Lernen ein Hörer sein.

Beim Lernen hilft dir:

- zuhören,
- laut vorlesen,
- den Lernstoff in deinen eigenen Worten aufsagen.

Probiere mal aus:

- beim Lernen ein Selbstgespräch führen,
- dich von Freunden oder Geschwistern abfragen lassen,
- den Stoff aufs Handy aufnehmen und wieder anhören,
- eine passende DVD oder ein Video sehen,
- einen Podcast zum Thema hören.

Auf Seite → 42 erfährst du Gedächtnistricks speziell für hörende Lerner!

Lerntyp Bewegung

Möchtest du am liebsten mit dem ganzen Körper lernen? Magst du Experimente und Lernstoff zum Anfassen? Dann lernst du vielleicht über die Bewegung.

Beim Lernen hilft dir:

- herumlaufen,
- anfassen,
- selber ausprobieren und experimentieren.

Probiere mal aus:

- die Lernzettel auf verschiedene Zimmer verteilen,
- den Lernstoff nachahmen: Geschichten nachspielen, Laute von Tieren nachmachen u. ä.,
- ein Experiment selber durchführen,
- passende Gegenstände zum Lernstoff suchen und anfassen,
- ein Modell bauen.

Auf Seite → 41 lernen Bewegungslerner, ihr Gedächtnis zu überlisten!

T e s t : Welcher Lerntyp bist du?

Lies dir die Testfragen in aller Ruhe durch. Kreuze an, ob der Satz immer, manchmal oder nie auf dich zutrifft.

Wenn du dir unsicher bist, bitte deine Eltern, dir zu helfen. Sie kennen dich schließlich auch sehr gut!

		stimmt immer	stimmt manchmal	stimmt nie
1.	Ich schreibe mir gerne auf, was ich lernen muss.	❑	❑	❑
2.	Geräusche beim Lernen lenken mich ab.	❑	❑	❑
3.	Ich mache gerne Experimente, bastele oder spiele Rollenspiele.	❑	❑	❑
4.	Ich erinnere mich gut an Hörspiele.	❑	❑	❑
5.	Ich kann mir den Lernstoff leicht als Handlung oder Bild vorstellen.	❑	❑	❑
6.	Ich bewege beim Reden viel die Hände.	❑	❑	❑
7.	Was der Lehrer an die Tafel schreibt oder malt kann ich mir gut merken.	❑	❑	❑
8.	Ich finde es leicht, mündliche Anweisungen des Lehrers zu befolgen.	❑	❑	❑
9.	Ich erinnere mich gut an Geschichten aus dem Fernsehen, aber nicht so gut an Hörspiele.	❑	❑	❑
10.	Ich esse, trinke oder kaue Kaugummi beim Lernen.	❑	❑	❑
11.	Ich kann mir leicht merken, was mir der Lehrer erklärt.	❑	❑	❑
12.	Mir helfen Bilder und Diagramme beim Lernen.	❑	❑	❑
13.	Stillsitzen beim Lernen finde ich schwer.	❑	❑	❑
14.	Ich lerne am besten, wenn ich mir etwas laut vorlese.	❑	❑	❑
15.	Ich lerne am besten, wenn ich mich bewegen kann.	❑	❑	❑

Für die Kästchen mit „immer“ bekommst du 2 Punkte. Für die Kästchen mit „manchmal“ 1 und für die Kästchen mit „nie“ 0 Punkte.

Schreibe in die folgende Tabelle, wie viele Punkte du bei welchen Fragen hast.

Fragen	1 + 5 + 7 + 9 + 12
Punkte	☐ + ☐ + ☐ + ☐ + ☐ = ☐
Lerntyp	**Sehen**

Fragen	2 + 4 + 8 + 11 + 14
Punkte	☐ + ☐ + ☐ + ☐ + ☐ = ☐
Lerntyp	**Hören**

Fragen	3 + 6 + 10 + 13 + 15
Punkte	☐ + ☐ + ☐ + ☐ + ☐ = ☐
Lerntyp	**Bewegung**

Wo hast du die meisten Punkte? Das ist dein Lerntyp.

Mein Lerntyp: ______________________________

Auch wenn du deinen Lerntyp gefunden hast, solltest du versuchen, oft mit allen Sinnen zu lernen. Versuche doch mal zu lernen, wie man ein Rad schlägt – aber nur durch Sehen oder Hören! Das geht schlecht, oder? Auch wenn du ein sehender oder hörender Lerner bist, Radschlagen muss man selber ausprobieren.
Benutze alle Sinne beim Lernen, das erhöht deinen Lernerfolg noch einmal!

2. Lernvoraussetzungen

Konzentriere dich!

Sicher hast du von Lehrern oder Eltern schon mal gehört, dass du dich konzentrieren sollst. Aber was heißt das eigentlich? **Konzentration** bedeutet, dass du dich **intensiv mit deinem Lernstoff beschäftigst** – und nicht an Fußball spielen, deine beste Freundin oder das nächste Wochenende denkst.

Das ist oft gar nicht leicht, denn es gibt viele spannende Dinge, du dich vom Lernen ablenken wollen. Zum Glück kannst du Konzentration üben.

Mit allen Sinnen

Übe die Konzentration mit jedem deiner fünf Sinne einzeln. **Schaue** einen Käfer ganz genau an. **Rieche** mit geschlossenen Augen an einer Blume. **Höre** am Morgen auf den Gesang der Vögel. **Schmecke** mit geschlossenen Augen ein Stück Obst oder lasse einen Bissen Schokolade auf der Zunge zergehen. **Ertaste** ohne hinzugucken ein kleines Spielzeug. Kannst du erraten, was es ist?

Was ist anders?

Dieses Konzentrationsspiel spielst du zu zweit. Setze dich deinem Partner gegenüber. Betrachte ihn genau und schließe dann fest die Augen. Nun ändert dein Mitspieler etwas an seinem Aussehen: er nimmt die Brille ab, öffnet die Haare, schiebt einen Ärmel hoch oder Anderes. Öffne die Augen: Siehst du, was sich **verändert** hat?

Ich packe meinen Koffer

Kennst du dieses Spiel? Dabei **sagen** die Spieler abwechselnd, was sie einpacken, und **wiederholen** dabei die Begriffe der anderen, zum Beispiel: Ich packe ein Handy in meinen Koffer. – Ich packe ein Handy und eine Zahnbürste in meinem Koffer. – Ich packe ein Handy, eine Zahnbürste und Schokolade in meinen Koffer ...

Das Spiel funktioniert **auch mit anderen Themen**: Ich habe ein Handy und darauf ist die App ... In meinem Bett liegt als Kuscheltier ...

Konzentration braucht man nicht nur am Schreibtisch. Auch draußen, beim Spielen und mit viel Action kannst du deine Konzentration üben.

Inselläufer

Verteile 10 DIN A5-Blätter auf dem Fußboden deines Zimmers oder im Garten. Laufe nun von Papierinsel zu Papierinsel, ohne in das Fußbodenmeer zu fallen! Schaffst du das leicht? Dann verschiebe die Blätter, sodass die Abstände dazwischen größer werden. Wie gut bist du als Inselläufer?

Aus der Puste

Baue auf dem Tisch einen Parcours aus Stiften, Gläsern oder anderen kleinen Hindernissen auf. Lege eine Strecke fest. Als „Athleten" brauchst du einen Wattebausch, eine Erbse oder einen Tischtennisball. Zur Not tut es auch ein zum Ball geformtes Taschentuch.

Puste deinen Athleten nun vorsichtig die Rennstrecke entlang. Wenn er ein Hindernis berührt oder einen falschen Weg nimmt, gibt es einen Minuspunkt. Wer schafft die Strecke mit den wenigsten Minuspunkten?

Schritt für Schritt

Wenn du zu Fuß unterwegs bist, nimm dir eine bestimmte Strecke vor, zum Beispiel bis zur nächsten Laterne oder Straßenecke. Schätze die **Anzahl der Schritte** bis dahin. Und dann zähle sie. Noch mehr Konzentration brauchst du, wenn du beim Zählen rückwärts läufst.

Echte Profis zählen sogar rückwärts: von 100 bis 1, das geht auch in Dreierschritten (100, 97, 94 ...) oder zum Beispiel in Siebenerschritten (100, 93, 86 ...).

Die Konzentrationsspiele machen **mehr Spaß zu zweit!** Suche dir einen Freund oder eine Freundin, deine Eltern oder Geschwister zum Mitmachen.

Motivation – So macht Lernen Spaß

Mit Freude geht alles geht besser – auch das Lernen. Wenn dich ein Thema interessiert, fällt es dir leichter, dich an den Schreibtisch zu setzen und mit dem Stoff zu beschäftigen. Du lernst dann sogar schneller und leichter! Experten nennen diesen Antrieb **Motivation.**

Lernen mit und ohne Motivation

In Fächern, die dich interessieren, fällt es dir leicht, aufzupassen und die Hausaufgaben zu erledigen. Du hast gute Noten und musst insgesamt nicht viel dafür tun. Für das **Lernen in deinem Lieblingsfach** bist du also meist **motiviert**. Das liegt daran, dass du damit **angenehme Erinnerungen und Erwartungen** verbindest: spannende Inhalte, ein Lob vom Lehrer oder Vorfreude auf eine gute Note.

Bei **Fächern, die dich weniger interessieren**, hast du oft von Anfang an ein kleines Problem: Du denkst schon vorher, dass die Hausaufgaben oder das Lernen furchtbar langweilig und anstrengend werden. Darunter leidet deine Konzentration und das Lernen dauert wirklich lange. Du wirst schlecht gelaunt und behältst den Stoff nicht so gut. Du schreibst eine schlechte Note – und bist beim nächsten Mal noch weniger motiviert. **Ein ewiger Kreislauf!**

Motiviere dich selbst

Jetzt ist dir klar, warum du dich selbst zum Lernen motivieren solltest, oder? Kurz gesagt: Du hast **mehr Spaß und mehr Erfolg**. Die folgenden Übungen helfen dir auf dem Weg dorthin.

Zeige Haltung

Deine Körperhaltung beeinflusst deine Stimmung. Wenn du Kopf, Schultern und Arme hängen lässt und ein trübes Gesicht machst, versteht dein Gehirn: Null Bock.

Stelle dich stattdessen vor dem Lernen **aufrecht** hin, **straffe** die Schultern, mache eine **Siegerfaust** und **lächele**. Dann versteht dein Gehirn: Yeah, das wird super! Auch während des Lernens solltest du immer wieder eine aufrechte, motivierte Haltung einnehmen.

Dein innerer Film

Stelle dir vor, wie es sein wird, wenn du dein **Lernziel** erreicht hast: Wenn du die Arbeit mit der guten Note vor dir hast oder dein Zeugnis bekommst. Wie gut fühlt sich das an? Was sagen deine Eltern dazu? Du kannst dir innerlich einen richtigen kleinen Film angucken. Er motiviert dich, dieses Ziel auch zu erreichen.

Viele kleine Schritte

Das Gefühl, etwas Neues gelernt oder verstanden zu haben, motiviert dich beim Lernen. Du brauchst **Erfolgserlebnisse**, damit du weitermachen kannst.

Teile den Lernstoff in viele kleine Schritte ein. Mache dafür eine Liste auf Papier oder dem Handy. Markiere, was du erledigt hast. Lobe dich nach dem Lernen für jeden kleinen Schritt.

Schreibe für deine Hausaufgaben heute eine Liste mit vielen kleinen Schritten. Hänge sie dann beim Schreibtisch auf und hake ab, was du erledigt hast. So kann die Liste zum Beispiel aussehen:

Deutsch:
- Text im Buch lesen
- Fragen dazu aufschreiben

Englisch:
- Vokabeln von S. 19 lernen
- Aufgabe auf S. 21 lösen
- Vokabeln von S. 19 wiederholen

Was stört beim Lernen?

Manchmal kann man sich schlecht auf das Lernen konzentrieren. Finde heraus, was dich gerade stört!

Eltern, Geschwister, Freunde

Hattest du **Streit** mit deinen Geschwistern? Nervt es dich, dass deine Eltern dich zum Lernen drängeln? Warst du fies zu deinem besten Freund? All diese Dinge beschäftigen dein Gehirn, auch wenn du dich auf das Lernen konzentrieren willst. Oft reicht es aus, wenn du dir klar machst, was dir gerade Sorgen macht. Ist das nicht genug, dann hilft vielleicht, wenn du offen über das Problem sprichst.

Umgebung

Ist es bei dir in der Wohnung **sehr laut**? Besuch, Gespräche, Fernseher oder Musik aus einem anderen Zimmer lenken dich ab. Bitte deine Familie, ein wenig leiser zu sein. Mache die Tür zu!

Medien

Handyspiele und -chats machen tierisch Spaß, klar. Sie können aber auch extrem ablenken! Schalte deine Handy darum während des Lernens auf **lautlos**. Noch viel besser: Lege es in ein **anderes Zimmer**. Denn jedes Mal, wenn du zwischendurch daraufguckst, musst du dich neu aufs Lernen einstellen. Also lieber gleich weg damit! Es ist ja nicht für immer.

Zeit

Du brauchst **Pausen** beim Lernen, aber nicht jede Pause tut gut. Lies auf Seite → 14 nach, welche Pausen dich beim Lernen richtig voranbringen.

Lernen braucht **Zeit**. Nicht immer viel, aber **immer wieder**. Nur zehn Minuten direkt vor der Stunde für die schwierigen Vokabeln – das setzt dich ganz schön unter Druck. Fange darum nicht erst am Abend vor der Klassenarbeit mit dem Lernen an. Gib dir Zeit zum Überlegen und vor allem zum Wiederholen. Wenn deine Eltern drängeln („Hast du es noch nicht kapiert?"), dann schicke sie raus!

Auch Hunger, Durst und Müdigkeit stören beim Lernen (s. S. → 15–16).

Wann ist gut lernen?

Du weißt jetzt schon, dass du nicht erst abends mit dem Lernen beginnen sollst. Aber wann dann? Ist jede Tageszeit gut fürs Lernen?

Deine Leistungskurve

Jeder Mensch hat eine persönliche Leistungskurve. Dieses schwierige Wort meint etwas recht Einfaches: Dein Körper ist **nicht immer gleich fit**, dein Gehirn nicht immer gleich wach. Nachts, das ist klar, musst du etwa zehn Stunden schlafen, um am Tag munter zu sein. Morgens nach dem Frühstück bist du besonders fit und munter. Gegen 9 Uhr in der Schule kannst du besonders gut lernen. Danach wirst du langsam wieder müder. Nach dem Mittagessen brauchst du unbedingt eine Pause. Denn da ist der Körper mit der Verdauung beschäftigt und dein Gehirn ist (fast) zu nichts fähig. Am frühen Nachmittag kommst du wieder in Schwung und gegen 16 Uhr bist du noch einmal richtig fit – allerdings nicht so sehr wie am Vormittag. Gegen Abend wirst du wieder müde und musst dich ausschlafen.

Wann lernen?

Die Leistungskurve verläuft bei den meisten Menschen ungefähr gleich. Das bedeutet, dass du Hausaufgaben und lernen unbedingt zu den Zeiten erledigen solltest, in denen du viel leisten kannst: **Vormittags etwa zwischen 8 und 12 Uhr** oder **nachmittags so zwischen 15 und 18 Uhr**. Wenn du Lust hast, dann notiere dir ein paar Tage lang, wann du dich am wachsten fühlst und dich am besten konzentrieren kannst. So kannst du **deine eigene Leistungskurve aufmalen**.

Nutze am Wochenende den Vormittag, denn da geht das Lernen am allerbesten. Wenn du während der Woche aus der Schule kommst, brauchst du auf jeden Fall zuerst eine Pause, bevor du dich an die Hausaufgaben setzen kannst.

Mehr zu guten Pausen findest du auf S. → 14.

Ohne Pausen geht es nicht

Auch in deinen Leistungszeiten am Vormittag und am Nachmittag musst du unbedingt Pausen machen.

Wann und wie viel?

Die Tabelle zeigt dir, **wann** du beim Zuhause lernen **wie viel** verschnaufen darfst:

Wann?	Wie lange?
nach ca. 10 Minuten	1 Minute
nach ca. 30 Minuten	5 Minuten
nach ca. 1,5 Stunden	15 Minuten
nach ca. 3 Stunden	bis zum nächsten Tag

Gute Pausen

Gute Pausen bieten dir **Abwechslung** vom Lernen. Sie lüften Gehirn und Körper durch. Am besten ist Bewegung, frische Luft und etwas zu trinken (s. S.→15–16). Bücher und das Handy eignen sich weniger gut. Dabei ist dein Gehirn viel zu beschäftigt. Im schlimmsten Fall schmeißen die neuen Eindrücke das Gelernte kurzerhand hinaus.

Pausen-Ideen

Die **Mini-Pause** von einer Minute ist wirklich kurz. Lehne dich im Stuhl zurück, strecke deine Arme zur Decke, schaue kurz aus dem Fenster. Schon geht es erfrischt weiter.

In einer **Fünf-Minuten-Pause** solltest du unbedingt vom Schreibtisch aufstehen: Gehe auf die Toilette, einmal die Treppe runter oder zum Fenster.

Hast du eine **15-Minuten-Pause**, kannst du dich richtig entspannen. Achtung: Jetzt sollte es nicht zu spannend werden, sonst bist du bloß beim Weiterlernen noch aufgeregt. Das Computerspiel lässt du also besser links liegen. Höre lieber Musik und tanze dazu. Trinke etwas. Toll ist auch ein wenig Aufräumen oder deinen Eltern im Garten helfen. Ehrlich! Es verschafft dir Bewegung und schont das Gehirn.

Länger als drei Stunden am Tag solltest du – zusätzlich zum Unterricht – nicht lernen. Danach müssen sich Körper und Gehirn **erholen**. Am besten geht das in Bewegung (s. S. → 16). Also los!

Lerne gesund!

Achte stets darauf, dass es deinem Körper gut geht. Dann kann dein Gehirn leichter neuen Stoff aufnehmen.

Trinken

Trinke vor dem Lernen ein Glas. **Mineralwasser, Fruchtsaftschorlen oder Früchtetees** sind super Durstlöscher und bringen dich in Schwung. Wenn du beim Lernen merkst, dass du **abschweifst**, auf das Blatt kritzelst oder Löcher in die Luft starrst, dann frage dich: Habe ich vielleicht Durst? Trinke wieder ein paar Schlucke.

Miss doch mal nach, wie viel du am Tag trinkst! Kinder bis 9 Jahre sollten einen Liter, Kinder ab 10 1,5 Liter schaffen.

Essen

Dein Gehirn braucht Energie, um den Lernstoff aufzunehmen. Die musst du ihm geben: In Form von Essen.

Zum Lernen eignen sich **gesunde Energiebomben** wie Obst, Gemüse und Joghurt. Schaue im Kasten nach, welches Futter dich besonders fit im Hirn macht.

Vor dem Lernen solltest du nicht zu viel essen. Hast du gerade eine Riesenportion Nudeln verdrückt, dann wirst du bleimüde und kannst nicht lernen. Mache zuerst eine Pause.

Nahrung für den Kopf

Als Pausensnack beim Lernen sind diese Lebensmittel besonders hilfreich:

- Frisches Obst (Äpfel, Bananen, Trauben ...),
- Gemüse (rohe Karotten, Tomaten, Gurken, Paprika ...),
- Trockenfrüchte und Nüsse,
- Quark und Joghurt,
- Müsli, zum Beispiel mit frischem Obst oder Joghurt
- Vollkornbrot belegt mit Salatblättern, Gurken, Käse oder fettarmer Wurst.

Bewegung

Nach dem langen Sitzen am Schreibtisch müssen deine Muskeln in Schwung kommen und dein Rücken entlastet werden. So bleibst du gesund. Außerdem erleichtert Bewegung das Lernen. Sie hilft dir bei der Konzentration, bei der Orientierung im Raum (wichtig in Mathe) und bei feinen Bewegungen (wichtig beim Schreiben).

Am besten schnappst du dir **in jeder Lernpause** einen Freund und gehst mit ihm raus: Ball spielen, im Wald eine Höhle bauen, Fahrrad fahren, klettern. Oder ihr besucht gemeinsam einen Sportverein. Hauptsache: Hintern hoch!

Entspannung

Beim Sport wird dein Körper angespannt. Das tut gut, um das Lernen am Schreibtisch auszugleichen. Aber auch entspannen ist wichtig. Das kannst du prima beim Nichtstun, Dich-langweilen und Löcher-in-die-Luft-starren. Oder du versuchst die folgende Übung.

Setze oder lege dich ruhig hin und schließe die Augen. **Atme tief ein und aus** und lege dabei die Finger auf die Rippen. Spüre, wie sie sich mit dem Atem bewegen. Mache das drei bis fünf Mal.

Schlaf' gut!

Ob du es glaubst oder nicht: Im Schlaf ist dein Gehirn richtig aktiv. Es überspielt alles, was du am Tag gelernt hast, in das Langzeitgedächtnis (s. S. → 30). Dort wird das Gelernte länger und sicherer gespeichert und du kannst es später in der Schule leichter abrufen. Dein Gehirn legt genau wie der Computer eine Sicherungskopie an!

Daher ist es richtig wichtig, dass du jede Nacht etwa 10 Stunden schläfst.

3. Die Hausaufgaben

In der Schule

Die Hausaufgaben fangen in der Schule an. Glaubst du nicht? Stimmt aber. Du kannst schon im Unterricht einiges dafür tun, dass deine Hausaufgaben zuhause gut laufen.

Deine Hefte

Lege für jedes Fach **ein Heft oder einen Ordner an.** Deine Lehrer sagen dir, was ihnen lieber ist. Beschrifte Hefte und Ordner mit deinem Namen, deiner Klasse und dem Fach. Wähle Ordner in verschiedenen Farben und Hefte mit unterschiedlichen Bildern, damit du sie leichter auseinanderhalten kannst.

Hefte alle **Arbeitsblätter** ordentlich in den Ordner oder klebe sie ins Heft.

So findest du zuhause alles Wichtige schnell wieder!

Mitschreiben im Unterricht

Klar, du sollst im Unterricht zuhören und nicht in dein Heft kritzeln. Aber Mitschreiben darfst du schon!

Mitschreiben heißt, dass du dir aufschreibst, was der Lehrer **Wichtiges** sagt. Das sind manchmal nur wenige **Stichworte oder eine Überschrift**, manchmal aber auch mehr Inhalte oder eine **längere Erklärung.** Schreibt dein Lehrer etwas an die Tafel, kannst du sicher sein, dass das ein wichtiger Lerninhalt ist: Schreibe ihn auf jeden Fall ab.

Beginne jede Stunde damit, dass du dein Heft aufschlägst oder ein neues Blatt in den Ordner tust. Schreibe das Datum und das Fach auf. Schon kann es losgehen!

Das Hausaufgabenheft

Passe besonders gut auf, wenn der Lehrer die Hausaufgaben aufgibt. Schreibe sie nicht in deine Fachhefte, sondern in ein Hausaufgabenheft.

Besorge dir ein kleines **liniertes Heft** (Format DIN A5 oder A6) für deine Hausaufgaben. Suche dir ein richtig **schönes** Heft aus oder bemale den Einband selber. Hausaufgaben dürfen Spaß machen!

Trage in jeder Schulstunde die **Hausaufgaben** in dieses Heft ein. Achte auch darauf, **Lernaufgaben** aufzuschreiben, die der Lehrer nicht deutlich als Hausaufgaben nennt.

Du kannst eintragen, **wann** du die Aufgaben **aufbekommen** hast:

Datum	Fach	was?
14.7.	Englisch	Aufgaben 1–3 auf S. 23
15.7.	Sachkunde	die 16 Bundesländer und ihre Hauptstädte kennen

Oder du notierst nur, **bis wann** du sie **erledigt** haben musst:

Bis wann?	Fach	Aufgaben
Mittwoch	Deutsch	Personenbeschreibung beenden
Freitag, der 2.	Musik	1. Strophe auswendig lernen

Musik oder Stille?

Manche Schüler hören bei den Hausaufgaben gerne Musik, andere werden davon richtig abgelenkt. Finde selber heraus, ob dir Musik hilft oder nicht. Wenn du immer wieder mit dem Lernen aufhörst, auf die Musik lauschst oder neue aussuchen willst, dann sei ehrlich: Musik beim Lernen ist nichts für dich. Lasse den MP3-Player lieber aus!

Tipp:
Besonders Lerner vom **Typ Hören** (s. S. → 5) werden von Musik leicht abgelenkt.

Dein Arbeitsplatz

Dein Arbeitsplatz fürs Lernen sollte ein fester Schreibtisch in deinem eigenen Zimmer sein. Dort hast du alle Arbeitsgeräte immer in Reichweite. Außerdem kannst du die Tür schließen, wenn du Ruhe brauchst.

Schreibtisch und Stuhl

... sollten höhenverstellbar sein, denn schließlich wirst du immer größer. Auf dem Stuhl müssen deine Füße den Boden berühren und du sollst aufrecht sitzen.

Arbeitsmaterialien

... wie Papier, Hefte, Stifte und Lineal liegen griffbereit auf dem Schreibtisch oder in einer Schublade. Außerdem helfen eine Pinnwand, ein Mülleimer und ein Bücherregal dabei, den Schreibtisch frei zu halten.

Licht

... brauchst du auch: am besten Tageslicht und eine Schreibtischlampe. Es sollte bei Rechtshändern von links oder vorne kommen, bei Linkshändern von rechts oder vorne.

Gemütlichkeit

... gehört dazu, schließlich sollst du gerne lernen. Überlege selber, wie du den Arbeitsplatz für dich schön gestalten kannst: Mit einem Platz für das Saftglas? Mit einer lustigen Schreibunterlage?

Ordnung ist das halbe Lernen

Wenn du dauernd nach deinem Füller suchst, verschwendest du Zeit, die du fürs Lernen – oder für die Pause – gut brauchen kannst. Bücher und Hefte aus anderen Fächern lenken dich ab und erschweren die Konzentration. Lege also nur die Dinge auf den Schreibtisch, die du jetzt gerade brauchst!

Die Hausaufgabenzeit

Lege eine Zeit fest, an der du deine Hausaufgaben jeden Tag erledigen willst. Das ist deine **Hausaufgabenzeit**. Du darfst weder den Fernseher anschalten, noch kurz telefonieren oder doch lieber später anfangen. Stelle dir deine Hausaufgabenzeit so vor wie die Arbeitszeiten eines Erwachsenen oder den Unterricht in der Schule: Es gibt sie **täglich** von Montag bis Freitag und **ohne Ausnahme**.

Regeln für die Hausaufgabenzeit

Gewöhne dich an diese Regeln, dann gehen deine Hausaufgaben bald wie von selbst. Die Hausaufgabenzeit:

- wird nur für Hausaufgaben verwendet,
- darfst du nicht verschieben oder ausfallen lassen – außer du bist krank,
- wird mit den Freunden abgesprochen, damit sie nicht vorbeikommen oder anrufen.

Handy und Hausaufgaben

Schalte dein Handy während der Hausaufgabenzeit auf lautlos, lege es nicht auf den Schreibtisch, am besten sogar in ein anderes Zimmer. Diese Pause hat es sich wirklich verdient, oder?

Vorteile

Das Tolle an der Hausaufgabenzeit ist, dass du und dein Körper sich schnell daran gewöhnen werden. Dann geht das Lernen in dieser Zeit viel leichter.

Du weißt nun immer: Der Rest des Tages ist Freizeit! Du kannst spielen und Freunde treffen, ohne einen Gedanken an die Hausaufgaben zu verschwenden.

Lege deine Hausaufgabenzeit nach deiner persönlichen Leistungskurve fest. Auf S. → 13 kannst du nachlesen, zu welchen Zeiten du am wachsten bist.

Der Hausaufgabenplan

Mit einem Plan, in den du täglich deine Hausaufgaben, aber auch das Training im Sportverein und das Spielen mit Freunden einträgst, vergisst du garantiert nichts mehr.

Der Hausaufgabenplan sieht aus wie der Stundenplan für die Schule, umfasst aber den ganzen Tag. **Kopiere** den Plan (s. S.→ 22) auf ein großes Blatt Papier und schreibe deine Aufgaben hinein. Nächste Woche brauchst du einen neuen Plan. Einfacher ist es, wenn du eine **Wandtafel** mit Kreiden oder Tafelschreibern hast. Male den Plan auf die Tafel. Wische jede Woche die Felder leer und schreibe die neuen Aufgaben hinein.

Mein eigener Plan

Es ist leicht, einen Hausaufgabenplan zu erstellen.

- Schreibe deine **Unterrichtsfächer** am Vormittag in den Plan. Trage alle festen **Termine** ein: Sportverein, Musikstunde, Besuch bei Oma.
- Lege nun fest, wann deine tägliche **Hausaufgabenzeit** ist (s. S. → 20). Markiere diese Felder auf dem Plan farbig.
- Markiere deine drei Lernzeiten für Vokabeln (s. S. → 67) mit farbigen Strichen.
- Schlage dein Hausaufgabenheft auf. Überprüfe, für welche Fächer am nächsten Tag du **Hausaufgaben** aufhast. Überlege auch, ob du für ein Fach etwas **lernen** musst, das du nicht aufgeschrieben hast.
- Schätze ab, wie viel **Zeit** du für die einzelnen Aufgaben brauchst. Plane fünf Minuten **Pufferzeit** ein! Trage die einzelnen Aufgaben in den Plan ein. Denke auch daran, **Pausen** festzulegen (s. S. → 14).

	Montag	Dienstag	Mittwoch	Donnerstag	Freitag	Samstag
vormittags						
13.30 Uhr						
14.00 Uhr						
14.30 Uhr						
15.00 Uhr						
15.30 Uhr						
16.00 Uhr						
16.30 Uhr						
17.00 Uhr						
17.30 Uhr						
18.00 Uhr						
18.30 Uhr						
19.00 Uhr						

4. Referate und Präsentationen

Informationen beschaffen und sortieren

Ein Referat oder eine Präsentation ist etwas Tolles: Hier kannst du deinen Mitschülern zeigen, wie gut du über ein Thema Bescheid weißt.

Wissen finden

Suche zuhause in deinen Heften und Büchern, bei deinen Hörspielen oder im Lexikon. Stöbere in der Schul- oder Gemeindebücherei. Du kannst einen Mitarbeiter nach Büchern zu deinem Thema fragen. Du hast keinen Mitgliedsausweis? Das macht nichts. Nimm einen Block und einen Stift mit und schreibe die wichtigsten Informationen auf. Im Internet findest du sehr viel spannendes Wissen (s. S. → 24).

... und sortieren

Finde Überschriften für die Infos, die zusammengehören. Lege eine sinnvolle Reihenfolge fest.

Info	Überschrift	Reihenfolge
Tipis	Alltag der Indianer	3.
Wo lebten Indianer?	Allgemeine Infos	1.
Essen der Indianer	Alltag der Indianer	4.
Die Indianerstämme	Allgemeine Infos	2.

Ein Thema finden

Hat dir deine Lehrerin kein Thema vorgegeben? Überlege, was dich interessiert. Welche Bücher oder Filme magst du? Blättere in deinem Heft, deinem Ordner oder deinem Schulbuch, um ein Thema zu finden.
Je spannender du das Thema findest, umso leichter fällt es dir, ein tolles Referat vorzubereiten.

Informationen aus dem Internet

Online findest du zu deinem Thema ganz sicher alles – und noch viel mehr. Dabei musst du aber eine wichtige Grundregel beachten:

Jeder kann etwas im Internet schreiben, niemand kontrolliert es. Die Informationen sind also nicht immer richtig.

Wissen im Internet suchen

Das Internet ist riesig und unübersichtlich – und nicht alles, was dort steht, ist richtig. Du findest dich zurecht, wenn du **Suchmaschinen für Kinder** wie *www.blinde-kuh.de* oder *www.helles-koepfchen.de* benutzt. Von dort kommst du auf andere Seiten.

Verwende für dein Referat nur Informationen von **Anbietern**, denen du **gutes Wissen** zutraust. Das sind zum Beispiel:

- Museen,
- Universitäten,
- Regierungen und Ministerien,
- große Fernsehsender,
- bekannte Lexika oder Buchreihen.

... und sammeln

Du kannst einen ganzen Text aus dem Internet kopieren. Aber Achtung: Du darfst ihn im Referat nicht einfach vorlesen! Texte darf man nämlich – wie andere Dinge auch – nicht einfach „klauen“. Außerdem ist das nicht das, was dein Lehrer erwartet.

Schreibe also lieber gleich die wichtigsten Inhalte **in deinen Worten** auf. Später ordnest du die Infos (s. S. → 23).

Notiere dir immer, **auf welcher Seite** und **wann** du etwas im Internet gefunden hast. So kannst du später noch einmal nachgucken oder deinem Lehrer zeigen, woher du etwas weißt.

Den Vortrag vorbereiten

Hören und Sehen

Für deine Zuhörer ist es am schönsten, wenn sie dich nicht nur reden hören. Sie möchten zu deinen Erklärungen auch **Bilder sehen**. Du kannst zum Beispiel ein Sachbuch mit Bildern mitbringen und in der Klasse herumreichen. Davon wird dein Publikum allerdings leicht abgelenkt.

Besser ist, du wirfst deine Bilder groß an die Wand oder das Whiteboard. Unter eine Dokumentenkamera kannst du dein Bild oder ein aufgeschlagenes Buch direkt legen. Und alle Bilder aus dem Internet kannst du per Beamer an die Wand werfen. Dabei hilft dir sicher dein Lehrer.

Mit dem Beamer ist es sogar möglich, ein **Video** zu zeigen – es sollte aber nicht länger als etwa eine Minute sein und wirklich zum Thema deines Referats passen.

> Während deines Referats darfst du **Bilder aus dem Internet zeigen**. Die Bilder gehören dir aber nicht. Daher darfst du sie nicht auf deinem Handy mit Freunden teilen oder auf die Homepage der Schule hochladen.

Laut sprechen üben

Vor dem großen Tag solltest du mindestens einmal üben, dein Referat zu halten. **Lies** dir den Text selber **laut vor**. Sicher **hören** auch deine Eltern, Großeltern oder Geschwister gerne bei deinem Übungsreferat **zu**. Hinterher können sie dir sagen, was sie prima fanden und was sie noch nicht verstanden haben.

So ein Referat oder eine Präsentation ist eine ziemlich aufregende Sache. Auf S. → 30–31 erfährst du, was du bei Aufregung und Angst tun kannst.

5. Prüfungen

Was muss ich lernen?

Warum lernst du eigentlich für eine Klassenarbeit? Um eine gute Note zu bekommen, klar. Aber es gibt noch einen anderen Grund: Bereitest du dich gründlich vor, bist du viel entspannter, sowohl in der Zeit vor der Prüfung als auch währenddessen. Und das ist nicht nur angenehmer, es hilft dir in der Prüfung auch, einen klaren Kopf mit vielen guten Ideen zu haben.

Lernstoff erfassen

Zunächst einmal musst du feststellen, welchen Stoff du für die Prüfung lernen musst. Notiere dir, welche **aktuellen Themen** geprüft werden sollen. Überlege dir, ob du auch **Grundwissen** wiederholen musst.

Teile nun den Lernstoff in kleine, gut lernbare **Häppchen** ein. Wie das Häppchen Essen gut in deinen Mund passt, soll das Lernhäppchen leicht und schnell in dein Gehirn gelangen. Finde selber heraus, welche Häppchen für dich richtig sind.

Das Thema **Nomen (Namenwörter)** kannst du so in Lernhäppchen einteilen:

- Genus (Geschlecht) und Artikel (Begleiter),
- Numerus: Singular (Einzahl) und Plural (Mehrzahl),
- Nomen deklinieren,
- Kasus (Fälle) durch Fragen ermitteln.

Lernstoff untersuchen

Frage dich, ob du den Lernstoff bereits **verstanden** hast. Wenn nein, dann solltest du das unbedingt nachholen. Bitte dabei Eltern oder Mitschüler um Hilfe!

Überlege dann, ob du den Stoff bereits **gelernt** hast und ihn nur **wiederholen** musst. Oder musst du ihn erst noch einüben und lernen?

Lernzeit einschätzen

Schätze nun ab, **wie viel Zeit** du brauchst, um ein Lernhäppchen zu bearbeiten. Am Anfang ist das sicher noch schwierig. Frage deine Eltern oder Lehrer um Rat. Mit der Zeit wirst du genau wissen, wie viel Zeit du für eine Lernportion einplanen musst.

Der Lernplan

Der Lernplan sorgt dafür, dass du bis zur Prüfung mit dem Lernen fertig wirst. Du benutzt dafür deinen **Hausaufgabenplan** (s. S. → 21).

Lernzeit planen

Im Hausaufgabenplan hast du festgelegt, welche Zeiten für feste Termine (Musikunterricht, Sportverein usw.) und für die Hausaufgaben da sind. Die Lernhäppchen verteilst du auf die noch **freien Zeiten**. Aber Achtung: Diese sind auch für deine Freizeit da. Überarbeite dich nicht!

Hat dir der Lehrer für diese Woche keine Hausaufgaben aufgegeben, außer für die Prüfung zu lernen? Dann kannst du auch in der **Hausaufgabenzeit** Lernhäppchen einplanen.

Den Lernplan gestalten

Schreibe die Lernhäppchen in die passenden Felder im Hausaufgabenplan. Markiere sie in deiner **Lieblingsfarbe**. Mehr als **zwei Wochen** vor der Klassenarbeit solltest du nicht zum Lernen verwenden. Sonst hast du am Ende der Lernzeit alles wieder vergessen.

Wiederholen ist wichtig. Beginne die Lernzeit immer damit, dir den Stoff vom Vortag noch einmal ins Gedächtnis zu holen.

Der Tag vor der Prüfung

Am letzten Tag vor der Prüfung solltest du Zeit für eine Wiederholung des Stoffs einplanen (s. S. → 34–35) – und ganz viel Freizeit. So bist du am nächsten Tag fit.

So kann dein Lernplan aussehen. Siehst du, wie viel Zeit immer noch für deine Freizeit bleibt?

	Montag	Dienstag	Mittwoch	Donnerstag	Freitag
vormittags	Schule				3. Stunde: Deutsch-Arbeit!
13.30 Uhr	Lernen: Wörter mit ck	Lernen: Wörter mit ck	Lernen: Wörter mit ai/ei	Hausaufgaben + Lernen: Wiederholen	
14.00 Uhr	Fußballtraining				
14.30 Uhr					
15.00 Uhr					
15.30 Uhr					
16.00 Uhr					
16.30 Uhr		Lernen: Wörter mit s, ss, ß	Lernen: Wörter mit äu/eu	Klavier üben	
17.00 Uhr	Hausaufgaben	Hausaufgaben + Lernen: Wörter mit s, ss, ß	Hausaufgaben + Lernen: Wörter mit ä/e	Klavierunterrichtg	Hausaufgaben
17.30 Uhr					
18.00 Uhr					
18.30 Uhr	Klavier üben	Klavier üben	Klavier üben	Lernen: Wiederholen	Klavier üben
19.00 Uhr	Abendessen	Abendessen	Abendessen	Abendessen	Abendessen

Allein oder mit anderen

Du denkst, Lernen kann man nur allein, weil sowieso alles in den eigenen Kopf hinein muss? Das stimmt nicht ganz. Mit Freunden oder Mitschülern lernen kann Spaß machen und sehr viel helfen.

Lernen allein

Alleine lernen ist oft das Beste: Du kannst in deinem **eigenen Tempo** vorgehen und **niemand lenkt** dich **ab**. Trotzdem ist es eine gute Idee, dich auch mal mit anderen Schülern zusammenzutun. Hier liest du, warum.

Lernen im Tandem

Im Tandem – also **zu zweit** – zu lernen, ist besonders praktisch für die Fächer, in denen man **viel auswendig lernen** muss. Dann kann dich dein Partner nämlich **abhören**: Die englischen Vokabeln, die Säugetiere im Sachunterricht oder die Jahreszahlen in Geschichte.

Auch wenn du deinen Lernpartner **abfragst**, lernst du eine Menge. Das ist für dich eine prima Wiederholung und geht fast wie von selbst!

Lernen in der Gruppe

In einer kleinen Gruppe von **drei bis vier Schülern** könnt ihr vor allem am **Anfang der Lernzeit lernen. Sprecht den Stoff** gemeinsam **durch**. Beim gegenseitigen Erklären merkt ihr genau, ob ihr alles verstanden habt. Und wenn etwas unklar ist: einfach **fragen**! Einer von euch weiß sicher die Antwort.

Online lernen

Du kannst auch das Internet zum Lernen nutzen: Suche in einer Suchmaschine nach den Suchwörtern „(dein Thema) Quiz". So findest du mit etwas Glück ein paar lustige Rätselfragen zu deinem Lernstoff.
Oder du schaust ein kurzes Lernvideo an. Drücke währenddessen immer wieder Pause und mache dir Notizen in deinen eigenen Worten. Aber Achtung, Quizze und Videos allein reicht nicht aus!

Aufregung gehört dazu

Bist du vor Klassenarbeiten aufgeregt? Dann geht es dir wie den meisten Schülern – und Erwachsenen übrigens auch!

Warum Aufregung hilft

Ein bisschen Aufregung gehört zu jeder Prüfung dazu. Und sie hilft dir tatsächlich auch! Die Aufregung **schärft deine Sinne** und **stärkt die Konzentration**. So kannst du die Prüfungsaufgaben leichter verstehen und das Wissen schneller aus dem Gedächtnis abrufen. Toll, oder?

Wann Angst stört

Ein wenig Aufregung ist gut. Wenn die Angst allerdings so groß wird, dass du nicht mehr richtig lernen kannst, vor der Prüfung schlecht schläfst und in der Klassenarbeit keinen klaren Gedanken fassen kannst – dann ist sie sicher **zu viel**.

Übrigens: Lässigkeit und Gleichgültigkeit vor einer Prüfung sind genauso schlecht wie große Angst. Zu viel Ruhe vermindert die Konzentration und kann die Leistung verschlechtern. Also freue dich, wenn du aufgeregt bist!

Spickzettel schreiben erlaubt!

Auch wenn Lehrer sie nicht gerne sehen: Spickzettel sind eine tolle Sache. Um den winzigen Zettel nicht zu überfüllen, musst du nämlich auswählen, welches die **wichtigsten Lerninhalte** sind. Dabei verstopfst du dein Hirn nicht mit unnötigen Kleinigkeiten. Beim Aufschreiben **wiederholst** du automatisch den entscheidenden Lernstoff.
Schreibe also vor jeder Klassenarbeit einen Spickzettel – aber **benutze ihn nicht!**

Was tun bei Prüfungsangst?

Der wichtigste Trick ist: **Lernen** und das **möglichst frühzeitig** (s. S. → 26). So kommst du in den Tagen vor der Klassenarbeit nicht unter Zeitdruck und kannst mit Gelassenheit deine Prüfung schreiben.

Stören können auch die **Menschen** um dich herum. Wenn dein großer Bruder zum Beispiel verkündet: „In der Mathe-Arbeit schreibst du sowieso eine 5!" – dann stört das beim Lernen und macht dich nervös. Auch Mitschüler, die **aufgeregt auf dich einreden** oder alles **viel, viel besser wissen**, können ängstlich machen. Gehe ihnen in dieser wichtigen Zeit aus dem Weg. Sage deutlich, dass du keine dummen Sprüche hören möchtest.

Am Vorabend

Du kannst vor lauter Aufregung nicht schlafen? Dabei ist guter Schlaf so wichtig für den nächsten Tag! Hier ein paar **Einschlaftipps**:

- Bewege dich draußen oder drinnen.
- Nimm ein heißes Bad.
- Lass dir etwas vorlesen.
- Lege das Handy weg. Es lenkt zwar von der Aufregung ab, hält aber auch wach.
- Kuschele dich ins Bett. Irgendwann kommt der Schlaf bestimmt und bis dahin ruhst du sich wenigstens aus.

In der Prüfung

- Lies die Aufgaben in Ruhe durch, gerne auch zweimal. Du kannst den Lehrer fragen, wenn du eine Aufgabe nicht verstehst!
- Beginne mit einer Aufgabe, die du gut kannst.
- Schreibe ordentlich und lasse nach jeder Aufgabe ein wenig Platz. Lies am Ende alles noch einmal durch und füge, wenn nötig, weitere Sätze hinzu.
- Lege nach jeder Aufgabe eine kurze Pause ein: Augen schließen, tief durchatmen, strecken. Das gibt neue Kraft.

Wie du den Lernstoff leicht in dein Gedächtnis bekommst, erfährst du im Kapitel „Lerntechniken" (s. S. → 32–45).

6. Lerntechniken

Unser Gedächtnis

Unser Gedächtnis ist der Ort im Gehirn, an dem Informationen für längere oder kürzere Zeit abgelegt werden.

Das Ultrakurzzeitgedächtnis

Hier bleiben Informationen nur **für wenige Sekunden** hängen. Du benutzt es, wenn du ein Diktat schreibst. Der Lehrer sagt einen Satz, du schreibst ihn auf und vergisst ihn wieder. Schon nach wenigen Minuten könntest du das Diktat nicht wieder auswendig aufschreiben.

Das Kurzzeitgedächtnis

Es speichert Wissen **etwas länger.** Wenn du heute die englischen Vokabeln für den Test paukst und morgen eine Eins schreibst, dann funktioniert dein Kurzzeitgedächtnis hervorragend. Leider wirst du die Wörter schon übermorgen wieder vergessen haben. Und das ist schade, denn schließlich willst du nicht nur gute Noten haben, sondern auch Englisch sprechen.

Das Langzeitgedächtnis

Den Lernstoff für die Schule beförderst du am besten hier hinein. Im Langzeitgedächtnis wird das Wissen **über einen langen Zeitraum gespeichert.** Dann sind die Vokabeln auch abrufbar, wenn ihr nächsten Monat einen unangekündigten Test schreibt. Der Weg ins Langzeitgedächtnis funktioniert nicht durch einmaliges Einpauken, sondern über **mehrmaliges Üben, Wiederholen und Verwenden.**

Der Weg ins Gedächtnis

Das Tor zu deinem Gedächtnis ist das Ultrakurzzeitgedächtnis. Hier landen die Eindrücke deiner Sinne: das, was du siehst, hörst, riechst und fühlst.

Viele Sinne

Sehen (beim Lesen) und **hören** (erzählen, zuhören, laut vorsagen) tust du deinen Lernstoff meist von ganz alleine. Aber **riechen** und **fühlen**? Das kommt selten vor. Aber: Je mehr Sinne du nutzt, umso leichter lernst du! Also: Büffelst du Vokabeln zum Thema Essen, dann gehe in die Küche, schnuppere und probiere. Mache passende **Bewegungen**, spiele dir Zusammenhänge vor. Durch das Fühlen mit dem ganzen Körper bleibt der Stoff besser hängen.

Nicht mehr als sieben Teile

Du musst wissen: Dein Ultrakurzzeitgedächtnis kann **nur etwa sechs bis sieben einzelne Informationen auf einmal** aufnehmen. Das kannst du leicht testen, wenn du jemanden bittest, dir Telefonnummern vorzulesen. Nummern aus sechs bis sieben Ziffern kannst du wahrscheinlich gut wiederholen, werden es mehr, klappt es nicht mehr.

Deswegen ist es so wichtig, dir den **Lernstoff in kleine Häppchen zu unterteilen.** Mehr als sieben Vokabeln auf einmal, das kann gar nicht gehen.

Ordnung ist gefragt

Du kannst das Ultrakurzzeitgedächtnis austricksen, wenn du den **Lernstoff ordnest.** Eine beliebige Reihe aus zehn Ziffern (zum Beispiel 05394173927) merkst du dir nicht. Unterteilst du sie aber in Vorwahl und Rufnummer mit rhythmischem Klang (05394/17 397) oder in zwei Postleitzahlen (05394 und 17397) sieht es schon ganz anders aus.

Deinen Lernstoff kannst und solltest du auch ordnen: nach Thema, Klang, Farbe … Was passt und spricht dich an?

Wie du den Weg ins Gedächtnis für Vokabeln nutzt, erfährst du auf den Seiten → 67–69.

Üben und Wiederholen

Es reicht nicht aus, den Stoff einmal zu lernen. Was du auswendig gelernt hast, musst du häufig wiederholen und schwierigen Stoff immer wieder üben. Nur so findet er den Weg vom Ultrakurzzeit- ins Langzeitgedächtnis.

Übung macht den Meister

Dieser Spruch kommt dir vielleicht altmodisch vor, ist aber wahr. In der Schule lernst du zum Beispiel das schriftliche Teilen. Wenn du es zuhause mit vielen anderen Zahlen **übst**, merkst du dir die Technik besser. Konzentriertes Auswendiglernen ist dann vielleicht gar nicht mehr nötig.

Beim Üben merkst du außerdem, wenn du etwas nicht verstanden hast. Frage gezielt beim Lehrer oder einem Mitschüler nach. Stellst du beim Üben fest, dass du eine Sache noch gar nicht wusstest, kannst du sie nun lernen und wiederholen.

Wiederholen – wie viel, wie oft?

Etwas neu Gelerntes musst du am Anfang oft **wiederholen**, mit der Zeit immer seltener. Die folgenden **Zeitspannen** gelten nicht für jeden gleich. Probiere aus, ob du vielleicht etwas seltener oder häufiger wiederholen musst.

- 1. Mal: am gleichen Tag, aber mindestens zwei bis drei Stunden später
- 2. Mal: 24 Stunden später
- 3. Mal: eine Woche später
- 4. Mal: einen Monat später

Das klingt vielleicht viel, aber bedenke: Etwas wiederholen kostet weniger Zeit, als es immer wieder neu zu lernen. Außerdem passieren viele Wiederholungen im Unterricht oder bei den Hausaufgaben. Du musst es also nicht immer extra tun.

Beim Wiederholen können Lernplakate (s. S. → 40–41) und das Mindmapping (s. S. → 42–43) helfen.

Wie du Vokabeln wiederholst, erfährst du auf den Seiten → 67–69.

Tricks zum Wiederholen

- Teile dir den Lernstoff in **kleine Einheiten** ein (s. S. → 27). Jeden Tag, bevor du etwas Neues lernst, **wiederholst du den Stoff vom Vortag.**

  Beispiel: Lara muss 25 Vokabeln lernen. Sie prägt sich am Montag fünf Vokabeln ein. Am Dienstag wiederholt sie die fünf Vokabeln und lernt fünf weitere. So macht sie weiter bis Freitag. Am Wochenende wiederholt Lara alle 25 neuen Wörter.

- Wiederhole **mit allen Sinnen.** Sprich zum Beispiel Vokabeln laut aus, statt sie nur zu denken. Untermale sie mit passenden Hand- und Armbewegungen oder Gesichtsausdrücken. Male Tiere, Bäume oder Blätter aus dem Sachunterricht auf.

  Beispiel: Stelle dich hin und mache für die englischen Vokabeln *tall* und *small* (groß und klein) passende Bewegungen.

- Schaffe **Verbindungen von neuem zu altem Wissen.**

  Beispiel: Marta kann sich nicht merken, dass das Blesshuhn Wasserpflanzen und kleine Wassertiere frisst. Dann denkt sie daran, dass Stockente und Höckerschwan die gleiche Nahrung zu sich nehmen. Das weiß sie doch schon lange! Jetzt bleibt alles viel leichter im Gedächtnis haften.

- Stelle dir den Lernstoff in der Fantasie **als Geschichte oder Bild** vor. Schließe dazu die Augen und entspanne. Denke nun den Lernstoff nicht in Wörtern, sondern in bunten, lebendigen Bildern. Später musst du nur an dein Bild/deine Geschichte denken und schon kehrt der Stoff ins Gedächtnis zurück.

  Beispiel: Lenni, ein Fußballfan, muss die Steigerungsformen der Adjektive *gut, hoch* und *nah* lernen. Er schließt die Augen und sieht folgende Geschichte vor sich: *Es ist das Endspiel der Fußballweltmeisterschaft. Lenni ist* **ein guter, ein besserer, der beste Spieler** *im Team. Lenni spielt eine Ecke. Der Ball fliegt* **hoch, höher, am höchsten.** *Der Ball kommt der rechten Ecke* **nah, näher, am nächsten** *und – Tooor! Lenni ist Weltmeister!*

Merktricks

Diese beiden Übungen helfen, Dinge auswendig zu lernen.

Die Einkaufsliste

Lies dir die Einkaufsliste durch und versuche, die Dinge zu behalten. Einfach so ist das schwierig, oder?

Beispiel: Einkaufen: Milch, Erdbeeren, Schinken, Eier, Nudeln

Nun erfinde eine **Geschichte**, in der alle **Dinge von der Liste** mitspielen. Sie sollten möglichst **verrückte** Dinge tun! Stelle dir alles **wie einen Film** in deinem Kopf vor. Dann vergisst du garantiert nichts mehr so leicht.

Beispiel: Die **Erdbeeren** wollen mal wieder schwimmen gehen. Sie entscheiden sich für ein **Milch**bad. Oh, tut das gut! Da kommen zwei **Schinken**röllchen vorbei. Sie bewerfen die Erdbeeren mit **Eiern**. Eine Erdbeere wird getroffen. „Rette mich, ich ertrinke!“, ruft sie. Eine muskulöse **Nudel** kommt herbei und rettet die Erdbeere aus der Milch. Die beiden verlieben sich.

Versuche es mal mit diesen Listen:

Beispiel: Einkaufen: Kartoffeln, Salat, Joghurt, Saft, Chips

Wichtiges über Insekten: sechs Beine, Libellen, Bienen, fliegen, Stachel

Der Zimmerplan

Das Zimmerplan-Spiel (von Experten Loci-Technik genannt) erfordert zu Beginn ein wenig Übung. Bald aber geht das Lernen damit richtig leicht.

Zuerst musst du dir **zehn Punkte in deinem Kinderzimmer** ganz genau merken. Schließe die Augen und denke an:

1. die Tür
2. den Fußboden
3. die Deckenlampe
4. den Schreibtisch
5. den Schreibtischstuhl
6. den Papierkorb
7. das Fenster
8. das Bett
9. den Kleiderschrank
10. das Regal.

Gehe diese zehn Orte in Gedanken immer wieder ab, bis du diesen Spaziergang mit den zehn Zielen in- und auswendig kennst.

Du kannst dir auch mehr als zehn Orte merken. Nimm einfach noch Punkte im Flur, der Küche, dem Badezimmer und dem Wohnzimmer dazu.

Beispiel: **Tiere am und im Wasser**

1. Wasserfrosch
2. Wasserspinne
3. Forelle
4. Ente
5. Fischotter
6. Posthornschnecke
7. Schwan
8. Aal
9. Hecht
10. Biber

Wenn du etwas auswendig lernen willst, musst du **den Lernstoff in Gedanken an den zehn Orten in deinem Zimmer ablegen.** Gehe in Gedanken durch das Zimmer und lege den Wasserfrosch an die Tür, die Wasserspinne auf den Fußboden, die Forelle an die Deckenlampe und so weiter. **Stelle** dir alles ganz **bildlich vor**! Wie sieht es aus, wenn ein Wasserfrosch an der Tür hängt oder eine Forelle an der Lampe?

Wirst du nun in der Schule nach Tieren gefragt, die am und im Wasser leben, musst du nur in Gedanken durch dein Zimmer laufen und alle Tiere wieder einsammeln.

Die Lernkartei

Eine Lernkartei eignet sich besonders zum Lernen von kurzen Wissenshäppchen: Vokabeln, Mathe-Regeln, Listen von Tieren, Hauptstädten und vielen anderen Dingen.

Im Buchhandel kannst du fertige Lernkarteien mit bedruckten Karteikarten aus verschiedenen Fächern und mit unterschiedlichen Themen kaufen. Hier bekommst du auch leere Lernkarteikästen. Am besten ist es, wenn du die Lernkarten selber beschreibst.

Eine Lernkartei herstellen

Für eine Lernkartei brauchst du linierte oder karierte Karteikarten und einen passenden, länglichen Karteikasten mit fünf Fächern.

Schreibe auf die Vorderseite der Karteikarten die Frage, Aufgabe oder ein deutsches Wort. Auf der Rückseite trägst du die Antwort, Lösung oder fremdsprachliche Vokabel ein.

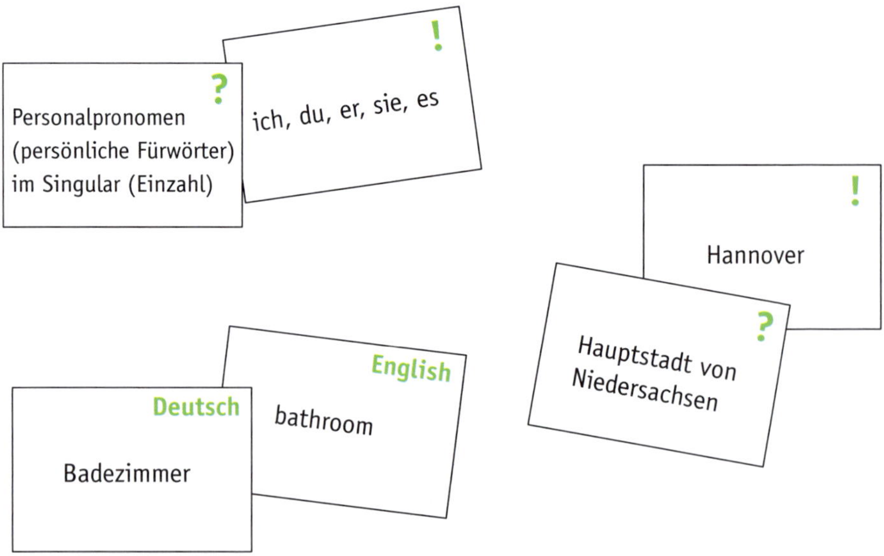

Mit der Lernkartei lernen

Stecke deine Karten mit der Frage nach vorne **in das vorderste Fach** der Lernkartei. Nimm die erste Karte heraus und lies die Frage. Kennst du die Antwort? Dann stellst du die Karte **in Fach 2**.

Kennst du die Antwort **nicht?** Sieh auf der Rückseite nach. Präge dir die Antwort ein und stecke die Karte **wieder in Fach 1** hinter die anderen Karten.

Mache so weiter, bis du alle Karten in Fach 1 gelernt hast.

Am nächsten Tag **lernst** du die Karten in **Fach 2**. Kennst du die Antwort, wandern die Karten in **Fach 3**. Solche, die du noch nicht beherrschst, gehen **zurück ins Fach 1**. Dieses **wiederholst** du **jeden Tag**.

So arbeitest du täglich weiter: Lerne die Karten in den Fächern **2 bis 5** – allerdings nicht alle täglich, sondern immer nur ein bis zwei Fächer, die fast voll sind. **Wiederhole jeden Tag** die Karten in **Fach 1**.

So einfach ist das: **Bei richtiger Antwort** geht's ins nächste Fach, **bei falscher Antwort** zurück in Fach 1!

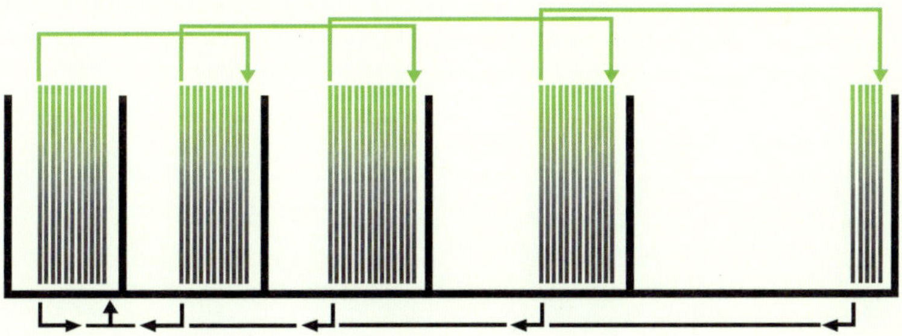

Wenn du die Karten in **Fach 5 beherrschst**, dürfen sie den Karteikasten **verlassen**. Du hast den Stoff so oft wiederholt, dass er im Langzeitgedächtnis gespeichert ist. Herzlichen Glückwunsch!

Wer zum Lerntyp Bewegung gehört (s. S. → 4–7) kann die Karteikarten an fünf verschiedenen Orten im Zimmer verteilen. Laufe beim Lernen von Station zu Station, anstatt mit dem Karteikasten am Schreibtisch zu sitzen.

Das Lernplakat

Mit einem Lernplakat lernst du fast wie von selbst. Einmal beim Schreiben und Malen des Plakates und dann wieder jedes Mal, wenn du einen Blick darauf wirfst. Unschlagbar praktisch, oder?

Ein Lernplakat gestalten

Beim Erstellen eines Lernplakats sind deiner **Fantasie** überhaupt keine Grenzen gesetzt. Nimm einen großen Bogen **Papier** (zum Beispiel ein Stück alte Tapete, die Rückseite eines hässlichen Posters oder ein Stück Packpapier). Schreibe darauf **die wichtigsten Lerninhalte** zu einem Thema. Schreibe groß und verwende deine Lieblingsfarben.

Male ein Bild dazu oder klebe ein **Foto** auf. (Du kannst es aus dem Internet ausdrucken oder aus einem Schulbuch kopieren.)

Du kannst auch einen **Kommentar**, eine **Erklärung** oder deine liebste **Eselsbrücke** dazuschreiben.

Hänge das Lernplakat an einem Ort **auf**, an dem du oft vorbeikommst: auf dem Klo, im Badezimmer, neben der Haustür, am Kühlschrank. Merkst du nach ein paar Tagen, dass du das Plakat nicht mehr beachtest? Dann hänge es an einen anderen Ort.

Besondere Plakate

Statt eines ganzen Plakats kannst du auch einzelne Notizzettel beschriften. Auf jeden Zettel gehört nur eine Information, zum Beispiel eine besonders schwierige Vokabel, eine kurze Rechtschreibregel mit Beispiel oder eine Beispielrechnung.
Du kannst auch ein Poster deines Lieblingsstars umgestalten. Schreibe oder klebe deinem Star eine Sprechblase auf, in der er dir eine wichtige Rechtschreibregel oder ein paar schwierige Vokabeln verrät.

Mit dem Lernplakat lernen

Mit dem Lernplakat lernen geht ganz einfach. **Betrachte** es einfach immer, **wenn du am Plakat vorbeikommst.** Besonders die großen, farbigen Worte werden dir ins Auge fallen und auch Bilder und Zeichnungen fallen auf.

Das Lernplakat kannst (und solltest) du nicht nur **durchlesen.** Du kannst auch ein Wort oder einen Text mit der Hand abdecken und den Inhalt **auswendig** aufsagen. Oder du **präsentierst** das Plakat einem Familienmitglied oder deinem liebsten Kuscheltier. Zeige die Bilder und erkläre, wie sie zusammenhängen.

Wenn du in der Schule die Inhalte des Lernplakats abrufen willst, dann **stelle dir** möglichst lebhaft **vor**, wo es hängt, wie es aussieht und wie es sich anfühlt, davor zu stehen.

Beispiel: Sarah hat ein tolles Lernplakat für den Deutschunterricht gestaltet. In Rot stehen dort viele Wörter mit *ei* in bunten Ostereiern. Die Wörter mit *ai* hat sie rund um einen Haifisch geschrieben.

Nach ein paar Tagen allerdings schaut Sarah gar nicht mehr auf ihr Plakat. Als ihre Mutter sie abfragt, kennt Sara nur zwei Wörter mit ai. Das Problem: Sarah hat sich an das Lernplakat gewöhnt. Sie bemerkt es nicht mehr! Schnell hängt sie es an einen anderen Ort: Die Decke über ihrem Bett. Immer vor dem Einschlafen denkt sie daran, es noch einmal durchzulesen. Nach ein paar Tagen wandert das Plakat wieder über den Schreibtisch. Diese **Abwechslung** hilft ihr!

Besonders für den Lerntyp Bewegung (s. S. → 4–7) lohnt es sich, die Lernplakate nicht über dem Schreibtisch aufzuhängen, sondern an anderen Orten in der Wohnung: über dem Bett, in der Toilette, neben dem Waschbecken im Bad oder an der Treppe.

Mindmapping

Das Wort *Mindmapping* (sprich: maind-mäpping) ist englisch und kommt von *mind* = Gehirn und *map* = Landkarte. Beim Mindmapping zeichnest du eine Landkarte deiner Gedanken.

Ein Mindmap sieht ein wenig aus wie ein Baum von oben: in der Mitte ein dicker Stamm und davon abzweigend viele Äste und Zweige.

So erstellst du ein Mindmap

- Du brauchst ein großes Stück Papier. Lege es ins Querformat. Zuerst schreibst du das **Thema des Lernstoffs** in die **Mitte** des Papiers. Male einen Kreis oder Kasten drum herum. **Markiere** es farbig oder male ein passendes Bild dazu.
- Dann überlegst du dir zu diesem Thema **einige wichtige Inhalte**. Schreibe sie in Kästen oder Kreise um das Thema herum. Verbinde das Thema und die Inhalte mit Linien.
- Jeder einzelne Inhalt bekommt wieder Verbindungslinien zu weiteren **Wissenshäppchen oder Beispielen**, die dir dazu einfallen.
- Du kannst **unterschiedliche Farben** verwenden, zum Beispiel für alle Inhalte und Wissenshäppchen, die an einem Zweig liegen.

Das Mindmapping funkioniert besonders gut beim Lernertyp Sehen. Bist du eher ein Hörer, dann trage den Inhalt des Mindmap nach dem Aufschreiben laut vor (s. S. → 4–7).

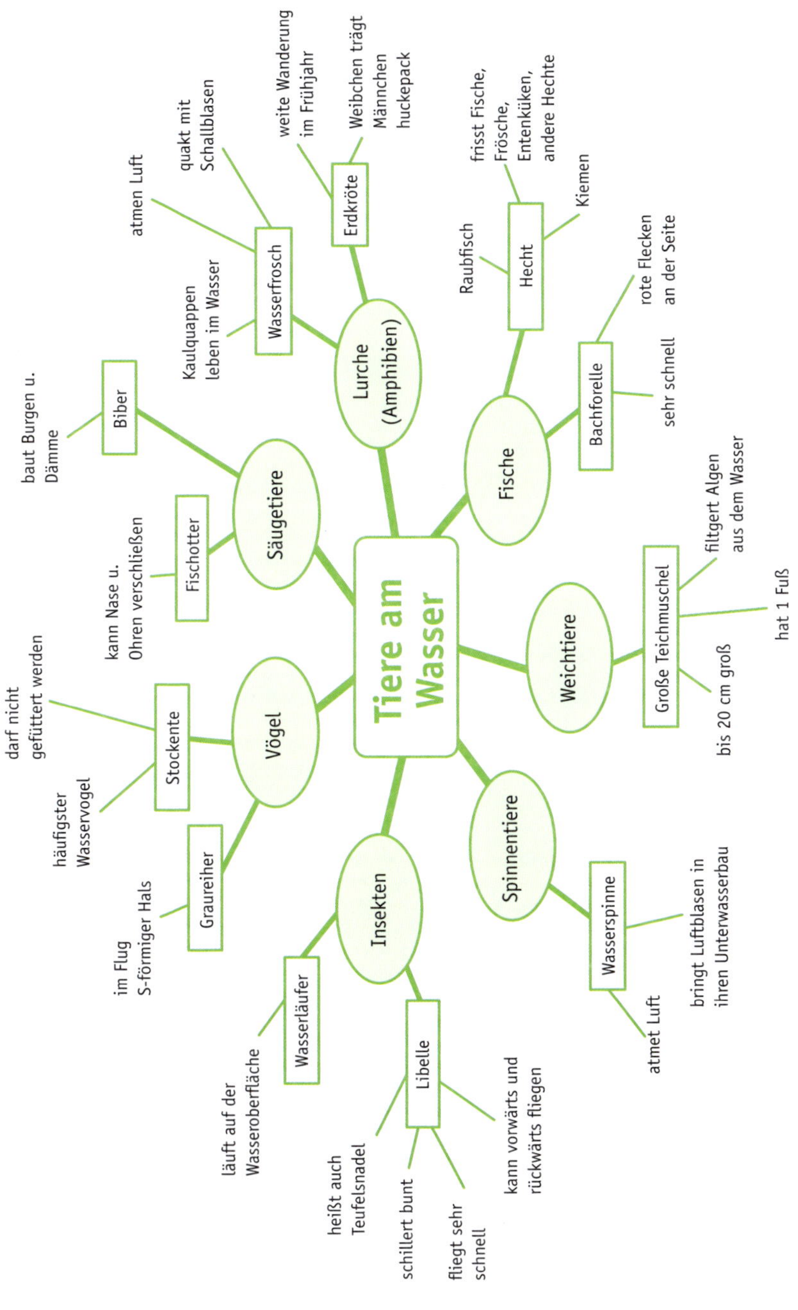
Tiere am Wasser
Vögel
Stockente
darf nicht gefüttert werden
häufigster Wasservogel
Graureiher
im Flug S-förmiger Hals
Säugetiere
Biber
baut Burgen u. Dämme
Fischotter
kann Nase u. Ohren verschließen
Lurche (Amphibien)
Wasserfrosch
Kaulquappen leben im Wasser
atmen Luft
quakt mit Schallblasen
Erdkröte
weite Wanderung im Frühjahr
Weibchen trägt Männchen huckepack
Fische
Hecht
Raubfisch
frisst Fische, Frösche, Entenküken, andere Hechte
Kiemen
Bachforelle
rote Flecken an der Seite
sehr schnell
Weichtiere
Große Teichmuschel
filtgert Algen aus dem Wasser
hat 1 Fuß
bis 20 cm groß
Spinnentiere
Wasserspinne
bringt Luftblasen in ihren Unterwasserbau
atmet Luft
Insekten
Wasserläufer
läuft auf der Wasseroberfläche
Libelle
heißt auch Teufelsnadel
schillert bunt
fliegt sehr schnell
kann vorwärts und rückwärts fliegen

Eselsbrücken und Merksprüche

Merksprüche sind eine prima Hilfe, wichtige Infos im Gedächtnis zu speichern.

Viele Merksprüche gibt es schon.

Beispiel: *he, she, it* – das s muss mit!
Nie **o**hne **S**eife **w**aschen = **N**ord, **O**st, **S**üd, **W**est
Wer *nämlich* mit h schreibt, ist dämlich!

Eselsbrücken selber erfinden

Denke dir **deine eigenen Eselsbrücken** aus. Oft sind diese noch viel leichter zu merken als solche, die du irgendwo gelesen hast.

Denke an Gemeinsamkeiten zwischen der Schreibweise oder dem Klang und einem Merkmal. Bilde aus einer Reihe von Wörtern, die du lernen musst, einen Satz. **Je verrückter, desto besser!**

Beispiel: Das *Wollkn***ä***uel* schreibt man mit **ä**, weil man mit Wolle h**ä**keln kann!

Fichte = kurzes i und kurze Nadeln – Kiefer = langes i und lange Nadeln!

Im M**ai** fraß der H**ai** M**ai**s und einen L**ai**b Brot.

Schreibe deine Eselsbrücke auf ein Blatt Papier und male ein passendes Bild dazu. Hänge das **Plakat** in deinem Zimmer, im Treppenhaus oder auf dem Klo auf. Lies und betrachte es mehrmals täglich.

Alles über Lernplakate erfährst du auf den Seiten → 40–41.

Lernen digital

Bei den Hausaufgaben und beim Lernen solltest du das Handy weit weg legen, damit dich Nachfragen aus dem Klassenchat und lustige Bilder nicht ablenken. Aber ab und zu können Handy, Computer und Co. beim Lernen auch nützlich sein.

Verstehen

Manchmal stellst du bei den Hausaufgaben fest, dass du eine Sache noch **nicht richtig verstanden** hast. Dann kannst du deine Eltern oder einen Freund um Rat fragen, im Schulbuch nachlesen – oder im Internet nach Antworten suchen. Es gibt zum Beispiel viele tolle **Lernvideos**. Suche dafür nach deinem Thema und den Worten „video einfach erklärt" oder „video für Schüler". Drücke während des Videos immer wieder die Pausetaste. Überlege, ob du bis dahin alles verstanden hast. Schreibe die wichtigsten Inhalte auf. Erst dann drückst du wieder auf Play.

Wiederholen und üben

Auswendig lernen und wiederholen fällt leichter, wenn man **abwechslungsreiche Methoden nutzt**: Du solltest nicht nur lesen, sondern auch schreiben, nicht nur zuhören, sondern auch selbst erklären, nicht nur sitzen, sondern auch Bewegungen, Gestik und Mimik mit einbeziehen – das weißt du inzwischen schon.

Computer und Handy können dir noch mehr neue Lernmethoden bieten, zum Beispiel **Quizspiele, Rätsel und Fotos.** Tippe doch mal dein Thema und das Wort „Lernquiz" in eine Suchmaschine ein. Oder suche gezielt nach Rätseln zu deinem Thema.

Aber Achtung, lass dich nicht ablenken! Nach dem Onlinequiz oder dem Lernvideo machst du Handy oder Computer schnell wieder aus.

B.1. Lesen und Schreiben

Lesespaß

Lesen ist die **Grundlage für alles Lernen**. Ohne Lesen verstehst du die Texte im Schulbuch nicht, kannst keine wichtigen Infos im Unterricht mitschreiben und die Aufgaben in der Klassenarbeit nicht entziffern.

Zum Glück gibt es eine Menge lustige Dinge, die du jeden Tag, in der Freizeit und bei den Hausaufgaben tun kannst, um noch besser lesen zu lernen.

Verschiedene Textsorten

Vielleicht bist du eine Leseratte, die einen dicken Wälzer nach dem anderen verschlingt? Das ist toll! Aber wird es dir nicht manchmal langweilig? Du trainierst das Lesen noch viel mehr, wenn du **ganz unterschiedliche Textsorten** liest.

In der Bücherei findest du neben **Romanen** auch Bücher mit kurzen **Geschichten**, **Gedichten** und **Liedern**. Es gibt Sachbücher mit spannenden **Sachtexten** und Zeitschriften mit **Rätseln** und **Experimenten**. Auch auf Kinderseiten im **Internet** kann man prima schmökern.

Zuhause findest du jede Menge spannende Texte: die **Fernsehzeitung**, die **Bedienungsanleitung** vom DVD-Player, die **Verpackungen** von Müsli und Schokolade, Spielzeugschachteln und Shampooflaschen.

Lesen kann man übrigens nicht nur Texte aus ganzen Sätzen, sondern auch **Tabellen, Listen** und sogar **Schaubilder**: die Bundesliga-Tabelle, den Busfahrplan, die Zuganzeige am Bahnhof, den Wetterbericht ... Was kannst du noch lesen?

Wie du Sachtexte am cleversten liest, erfährst du auf den Seiten → 63–64.

Das Lesen von Tabellen und Schaubildern trainierst du auf den Seiten → 65–66.

Zu Zweit lesen

Schnappe dir einen Freund oder ein Freundin, deinen Bruder oder deine Schwester, ein Elternteil oder die Großeltern. Lest zu zweit! So könnt ihr es machen:

- **Lest euch gegenseitig vor.** Wählt jeder eine Geschichte aus oder wechselt euch innerhalb einer Geschichte ab. Dann liest du zum Beispiel die wörtliche Rede und dein Partner den Rest. Oder ihr tauscht immer nach einer Seite die Rollen.
- **Spinnt Geschichten weiter.** Lest nur den Anfang einer Geschichte und erzählt euch dann gegenseitig eine mögliche Fortsetzung.
- **Unterhaltet euch.** Könnt Ihr die Gefühle und Handlungen der Figuren nachvollziehen? Habt ihr schon einmal Ähnliches erlebt?
- Lasse dir vorlesen und **male** gleichzeitig **ein Bild** zu dem, was du hörst.
- Lies deinem Partner einen Sachtext vor. Lasse dir dann den Inhalt in seinen eigenen Worten **erklären**.
- Lest Sachtexte zu einem spannenden Thema. Erstellt ein **Lexikon** mit wichtigen Begriffen, malt passende **Bilder** und **bastelt** dazu.

So findest du Lesefutter

Stöbere in Ruhe zuhause im Bücherregal oder in der Bücherei. Wähle Bücher aus, die **für dich** schön aussehen. Lies den Text auf der Rückseite. Klingt er **für dich spannend, interessant oder lustig?**

Leichter lesen

Um schnell und konzentriert zu lesen, gibt es noch ein paar einfache Tricks. Du lernst sie sicher schnell.

Lineal oder Stift

Viele Erstklässler legen beim Lesen ein Lineal unter die Zeile, um nicht zu verrutschen. Das hilft nicht nur Anfängern, sondern ist für jeden ein prima Lesetrick! Damit **springt** dein Auge nämlich **weniger hin und her**. Du kannst schneller lesen und wirst nicht so leicht abgelenkt.

Am besten nimmst du einen **langen, dünnen Gegenstand** wie einen **Stift** oder eine **Stricknadel**. Das breite Lineal stört das Auge etwas mehr.

Leise lesen

Laut mitlesen solltest du ab der dritten Klasse **nicht** mehr. Das **bremst dich bloß**. Ein einfacher Trick: Halte dir beim Lesen **den Mund zu**!

Lesen mit Ziel

Überlege dir **vor dem Lesen, warum** du diesen Text studierst. Suchst du eine bestimmte Information? Möchtest du die Handlung nachvollziehen? Willst du die Figuren verstehen? So weiß dein Gehirn schon beim Lesen, was es mit den Worten anfangen soll.

Lesen auf Tempo

Wer langsam und sorgfältig liest, liest besser – denkst du das auch? Stimmt aber nicht immer! Tatsächlich ist schnell lesen sehr praktisch: Der **Inhalt** bleibt leichter hängen und **Zusammenhänge** werden schneller erkannt. Sogar **konzentrieren** kann man sich leichter!

Schnell lesen üben

Schnell lesen musst du immer wieder **üben**, vor allem mit unbekannten Texten. Mit diesem Test ermittelst du deine **Lesegeschwindigkeit**. Lies dazu den Text so schnell du nur kannst. Stoppe dabei die Zeit.

Übung: *Letzte Woche reiste Manni mit seinem Raumschiff auf den Planeten Uno. Dort gibt es von allen Dingen nur eins: ein Haus, das allerdings sehr groß ist, ein Bett, einen Fernseher für alle Bewohner, einen Kühlschrank und nur ein Klo für mehr als zweitausend Aliens. Da musste Manni morgens lange anstehen!*

Teile die Zahl der Wörter (hier: 50) durch deine Zeit in Sekunden. Nimm das Ergebnis mal 60. Nun weißt du, wie viele Worte du pro Minute lesen kannst.

Wenn du etwas trainierst, solltest du **100–150 Wörter pro Minute** schaffen. Mit **200 Wörtern** bist du ein richtiger **Könner** und mit 250-300 ein Mega-Leseexperte!

Vorlesen

Auch das laute Vorlesen will gelernt und geübt sein. Aber warum sollte man das tun? Es ist zuallererst in der Schule nützlich, dort musst du manchmal vorlesen, klar. Auch sonst im Leben kann es dir Vorteile einbringen: wenn du zum Beispiel bei einer Feier oder im Verein oder später im Beruf etwas gut verständlich und spannend vortragen kannst.

Je öfter du das Vorlesen **übst**, umso leichter fällt es dir auch mit **unbekannten Texten**. Die **Aufregung** lässt mit der Zeit nach.

Das Vorlesen vorbereiten

Lies den Text für dich mindestens **einmal leise** und **einmal laut** durch. Übe die **Aussprache** von schwierigen Wörtern. Mache dir mit Bleistift Zeichen in den Text: Unterstreichungen für Stellen, die du **betonen** willst (zum Beispiel wichtige Wörter), und senkrechte Striche für **Pausen** (zum Beispiel am Satzende, vor wichtigen Wörtern, am Ende von Abschnitten).

Pausen und Betonungen sind beim Vorlesen entscheidend, damit deine Zuhörer gut folgen können und sie die wichtigsten Inhalte leicht verstehen.

Laut vorlesen

Beginne erst, wenn deine Zuhörer **leise** und aufmerksam sind. Sprich **laut, deutlich und langsam**. Man täuscht sich leicht! Lies also eher lauter, deutlicher und langsamer, als du denkst. Denke an deine Pausen und Betonungen. **Blicke** deine Zuhörer immer wieder an. Auch das macht das Zuhören leichter und interessanter.

Schreibspaß

Klar kennst du längst alle Buchstaben. Und die meisten wichtigen Wörter schreiben kannst du sicher auch schon. Es geht auch nicht nur um die Rechtschreibung. Denn Schreiben ist viel mehr als das: Beim Schreiben setzt du Wörter zu Sätzen und Sätze zu Texten zusammen. Wenn diese Sätze und Wörter dann auch noch richtig geschrieben und inhaltlich sinnvoll sind – umso besser!

Schreiben durch Lesen – Lesen durch Schreiben

Lesen und **Schreiben hängen eng zusammen.** Immer wenn du das Eine übst, wird das Andere gleich mittrainiert! Das ist sehr praktisch, oder?

Wenn du viele Bücher **liest** – egal ob Geschichten oder Sachtexte – dann lernst du dabei automatisch etwas **übers Schreiben**: Wie sehen verständliche Sätze aus, welche anderen Wörter gibt es für *sagen*, wie schreibt man *Wollknäuel* richtig?

Beim Schreiben von Briefen, Geschichten oder Einkaufslisten trainierst du wiederum das Lesen. Schließlich musst du deine geschriebenen Wörter immer wieder selber entziffern. Dieses Training dient dazu, dass du ein Wort nicht Buchstabe für Buchstabe lesen musst, sondern es auf den ersten Blick erkennst.

Es ist egal, ob du deine Schreibübungen mit Papier und Stift schreibst oder sie am Handy oder dem Computer auftippst. Vielleicht hast du mehr Spaß daran, dir ein schönes Notizbuch und einen besonderen Stift nur für die Schreibübungen zu kaufen oder du liebst die Notiz-App am Handy – beides ist okay! Wie so oft beim Lernen ist es eine gute Idee zu mischen.

Jeden Tag ein Satz

Schreiben üben muss keine Arbeit sein. Du kannst es ganz einfach **im Alltag und nebenbei** trainieren. Probiere doch einmal diese Tipps aus:

- Schreibe einen **Brief** oder eine **Urlaubspostkarte**. Oma und Opa, die Patentante, ein guter Freund … über Post freuen sich alle Menschen! Vielleicht füllt sich auch bald dein Briefkasten.
- Male ein **Bild** und schreibe dann auf, was darauf zu sehen ist. Wenn du möchtest, kannst du auch eine ganze Geschichte zu deinem Bild schreiben.
- Mache **Fotos** von deinen besten Freunden. Klebe die Fotos in ein schönes Album. Schreibe dazu die Namen, Adressen, Hobbys, Eigenheiten, Lieblingsstars …
- Schreibe **Listen**: Was du heute Nachmittag erledigen willst, welche Hausaufgaben du aufhast, was du morgen unbedingt Onkel Paul erzählen musst, was du dir zum Geburtstag wünschst …
- Erzählst du deinen Eltern jeden Tag alles **aus der Schule**? Schreibe es heute einmal auf!
- Schreibe **Tagebuch**. Du kannst alles aufschreiben, was du erlebt hast. Oder du schreibst jeden Tag etwas zu einem bestimmten Thema auf. Es gibt viele Möglichkeiten: Was mich heute glücklich gemacht hat – was mich heute geärgert hat – wofür ich heute dankbar bin – was sich heute gut angefühlt hat – was ich heute lieber anders gemacht hätte …

Du musst dabei nicht zu sehr auf Schreibfehler achten. Es ist erst einmal wichtiger, dass du überhaupt mit Spaß und alleine schreibst! Wie du die Rechtschreibung trainierst, erfährst du auf den Seiten → 53–56.

2. Rechtschreibung und Diktate

Wörter trainieren

Viele deutsche Wörter werden zum Glück genauso geschrieben, wie man sie spricht: *Tomaten* zum Beispiel oder *Salat, Auto* oder *Kekse*. Einige andere musst du immer wieder üben. Dabei können die folgenden Tricks helfen.

Regenbogenwörter

Schreibe ein schwieriges Wort auf ein großes Blatt Papier. Nicht einmal, sondern siebenmal untereinander, in allen Farben des Regenbogens: lila, dunkelblau, hellblau, grün, gelb, orange, rot. Hänge dein Regenbogenwort an einer Stelle auf, an der du oft vorbeikommst.

Das Wörterbild

Übst du gerade Wörter mit *ai*? Dann male einen Hai auf ein Blatt Papier. In den Hai hinein schreibst du nun alle Wörter mit *ai*, die dir einfallen: *Mais, Mai, Saite, Hain* … Wann immer du ein neues Wort findest, schreibe es dazu.

Bei anderen Wörtern kannst du es genauso machen. Für solche mit *tz* malst du zum Beispiel eine Katze, für Wörter mit *ck* eine Mücke und für welche mit *x* eine Hexe.

Silbenrätsel

Für dieses Spiel brauchst du einen Mitspieler. Suche 4–8 Wörter aus, die dein Partner lernen soll. Schreibe sie in Großbuchstaben auf ein Blatt Papier. Zerschneide das Papier so, dass auf jedem Stück eine Silbe steht. Mische die Zettel und gib sie deinem Partner. Schafft er es, alle Wörter wieder richtig zusammenzusetzen?

Lasse dir von deinem Freund auch so ein Silbenrätsel erstellen.

Diktate üben

Diktate üben kann man am besten zu zweit. Dann macht es auch richtig Spaß!

Diktieren für Profis

Diese Regeln helfen dir, deinen Eltern und Freunden beim Diktieren und Diktat schreiben:

- Lies zuerst **den ganzen Text** vor.
- Lies dann **den ersten Satz** ganz vor.
- **Diktiere** ihn nun langsam und deutlich. Mache Pausen. Ist er sehr lang, diktiere ihn **in Teilen.**
- Mache es genauso mit allen weiteren Sätzen.
- Lies am Ende **noch einmal das ganze Diktat** vor.

Notiere dir bei jedem Diktat das Datum und die Anzahl deiner Fehler. So kannst du nach ein paar Wochen überprüfen, ob dich das Üben weiter bringt!

Treppendiktat

Zerschneide einen Text in einzelne Sätze und lege **jeden Satz auf eine Treppenstufe:** Den ersten auf die unterste, den zweiten auf die nächste und so weiter.

Gehe nun zur ersten Treppenstufe. Lies den Satz, gehe zurück zum Schreibtisch und schreibe ihn auf. Laufe wieder zur Treppe und kontrolliere den Satz. Hast du alles richtig geschrieben? Dann darfst du den nächsten Satz lesen und aufschreiben.

Wie hoch hinaus kommst du?

Das Treppendiktat macht besonders Lernern vom Typ Bewegung (s. S. → 4–7) viel Spaß!

Sammeldiktat

Zerschneide einen Text in Sätze und lege alle Papierstreifen in eine schöne Dose, eine hübsche Schachtel oder einen Korb. Nimm einen beliebigen Papierstreifen aus der Dose, lies den Satz und lege das Papier umgedreht zur Seite. Schreibe den Satz auf. Hast du alles richtig geschrieben? Dann darfst du den Papierstreifen behalten.

Wie viele Papierstreifen sammelst du?

Treppendiktat und Sammeldiktat kannst du auch mit einzelnen schwierigen Wörtern spielen!

Ich bin ein Star

Mache eine Aufnahme von dir, zum Beispiel auf dem Handy oder Computer. Sprich dazu langsam deinen Diktattext auf. Höre den ersten Satz an, stoppe die Aufnahme und schreibe den Satz auf. Höre den nächsten Satz und schreibe ihn ebenfalls richtig auf.

Diese Übung ist toll für Lerner vom Typ Hören (s. S. → 4–7).

Unsere Witzdiktate

Diktate schreiben macht noch mehr Spaß, wenn es ein lustiger Text von der besten Freundin ist. Sammele dazu gemeinsam mit einem Freund/einer Freundin 8–10 schwierige Wörter, zum Beispiel mit ck, mit äu und eu oder mit ai und ei. Schreibt nun jeder eine kurze, möglichst witzige und verrückte Geschichte, in der alle Wörter vorkommen. Diktiert euch eure Geschichten gegenseitig. Könnt ihr die Wörter nun richtig schreiben?

Kommen beim Abschreiben oder im Diktat **lange und schwierige Wörter** vor? Dann zerlege sie in Gedanken in Silben und schreibe sie **Silbe für Silbe** auf. Versuche also zum Beispiel nicht, *Schulmensaspeiseplan* zu schreiben, sondern lieber Schul|men|sa|spei|se|plan.

Die Rechtschreibung kontrollieren

Bei einem Diktat genau wie bei jedem anderen Text, den du schreibst, kommt es auf zwei Schritte an: Zuerst **schreibst** du das Wort richtig **auf**. Am Ende führst du einen **Kontrollgang** durch. Es ist nicht schlimm, einen Fehler zu machen. Aber es ist ärgerlich, wenn ihn der Lehrer entdeckt und nicht du!

Am Ende einer Klassenarbeit bist du oft nicht mehr so konzentriert. Außerdem kennst du deinen Text so gut, dass du einzelne Schreibweisen gar nicht mehr siehst. Es helfen einige Tricks, um ganz **genau hinzugucken**.

Im Rückwärtsgang

Lies deinen Text **von hinten nach vorne**. Beginne mit dem letzten Wort, lies dann das vorletzte und so weiter. Dabei achtest du automatisch nicht auf den Inhalt des Satzes oder des ganzen Textes, sondern nur auf die einzelnen Wörter. Langsamer geht es auch. Dabei entdeckst du Fehler leicht!

Achtung: Fehler bei der Groß- und Kleinschreibung fallen dir mit dieser Methode wahrscheinlich nicht auf. Dabei hilft der Trick im nächsten Absatz.

Nach und nach

Suche immer nur **einen Fehlertyp** auf einmal. Forsche zum Beispiel zuerst nach Fehlern bei s, ss und ß. Kontrolliere dann die Klein- und Großschreibung. Betrachte anschließend schwierige Vor- und Nachsilben.

Deine Lieblingsfehler

Lege dir während des Übens eine **Liste** mit Wörtern an, die du **häufig falsch** machst (zum Beispiel *endlich*), oder eine Liste mit **Fehlertypen** (Wörter mit *end-/ent-*). Kontrolliere in einem Extradurchgang nur deine persönlichen Fehlerwörter („Habe ich *endlich* immer richtig geschrieben?“).

Texte überarbeiten

Es ist völlig normal, dass ein Text nicht sofort perfekt ist. Auch Schriftsteller verändern ihre Texte immer wieder, bevor sie als Buch erscheinen.

Wozu überarbeiten?

Mit der Überarbeitung kannst du einen Text – egal ob Sachtext, Bericht oder Geschichte – **besser machen**. Was besser bedeutet, ist leider nicht immer leicht zu sagen.

Ein **Sachtext** soll **verständlich** sein und alle **Erklärungen** müssen **stimmen**.

Ein **Bericht** muss **sachlich** geschrieben sein und den **Tatsachen** entsprechen.

In einer **Geschichte** geht es meist um **Spannung** und eine **abwechslungsreiche** Sprache.

Dreimal anders

Beim Überarbeiten hast du drei Möglichkeiten.

1. Du kannst **Wörter und Sätze hinzufügen**.

   Manchmal fehlt einem Text eine Erklärung oder ein treffend beschreibendes Adjektiv (Eigenschaftswort).

2. Du kannst **Wörter und Sätze streichen**.

   Das müssen auch Schriftsteller häufig tun. Füllwörter wie ja, bestimmt, wohl oder eben kannst du meist weglassen!

3. Du kannst **Wörter und Sätze umstellen**.

   Wenn du die Reihenfolge änderst, kann ein Satz oder Text verständlicher oder abwechslungsreicher werden.

Eine Geschichte überarbeiten

Betrachte zunächst den **Inhalt** deiner Geschichte: Hat sie einen Anfang, einen Hauptteil und einen Schluss? Sind die Personen in der Geschichte gut dargestellt? Kann man die Handlung der Geschichte verstehen? Ist der Hauptteil spannend erzählt? Entsteht im Schlussteil ein rundes Ende? Hast du eine treffende Überschrift gewählt, die neugierig macht?

Bei der **Sprache** deiner Geschichte achtest du auf Folgendes: Hast du die wörtliche Rede benutzt? Tauchen unterschiedliche Satzanfänge auf? Wiederholen sich manche Wörter zu häufig? Beschreibst du die Figuren und die Handlung mit passenden Adjektiven (Eigenschaftswörtern) und Verben (Tuwörtern)?

Bei jedem Text, den du überarbeitest, solltest du auch die Rechtschreibung kontrollieren (s. S. → 56).

Das Wörterbuch

In der Schule darf man oft ein Wörterbuch oder einen Rechtschreib-Duden benutzen. Dort erfährst du, wie ein Wort richtig geschrieben wird.

- Die Wörter sind **nach dem ABC sortiert.**
- Die kleinen **senkrechten Striche** zwischen den Silben zeigen dir, wo du **trennen** darfst.
- Bei **Namenwörtern** stehen meist der **Artikel** (Geschlechtswort) und der **Plural** (Mehrzahl) dabei.
- Manchmal sind Wörter aus der gleichen **Wortfamilie** mit angegeben (z. B. *Fahrt* bei *fahren*).

3. Mathematik

Lerne die Zahlen kennen

Die vielen Zahlen bringen dich weniger durcheinander, wenn du sie als gute Freunde betrachtest. Und wie deine Freunde im echten Leben musst du auch deine Zahlenfreunde erst einmal gut kennenlernen.

Kopfrechnen

Übe das Rechnen im Kopf. Sage auswendig das **kleine Einmaleins** auf – jeden Tag eine Reihe. Besonders hilfreich ist es auch, das ganze Einmaleins **aufzuschreiben.** Stelle dir beim Kopfrechnen die Rechnung und das Ergebnis bildlich vor.

Stelle dich mit einem Freund vor die **Treppe.** Stellt euch abwechselnd **Rechenaufgaben mit plus, minus, mal und geteilt.** Wer eine Aufgabe richtig löst, darf eine Stufe aufsteigen. Wer falsch antwortet, muss stehen bleiben. Wer ist als erster oben? Am besten fangt ihr bei diesem Spiel mit Zahlen bis 20 an und steigert euch nach und nach auf größere Zahlen.

Rechne beim **Einkaufen** die Preise zusammen. Vor der Kasse kannst du dann noch ausrechnen, wie viel Wechselgeld du bekommst.

Immer, wenn du mindestens zwei Zahlen siehst, dann **zähle sie zusammen.** Das können Zahlen von Preisschildern, Autokennzeichen, Verkehrsschildern, auf Zeitungen oder Verpackungen sein. Wenn du schon viel Übung darin hast, dann ziehe die Zahlen voneinander ab, nimm sie mal oder geteilt.

Das Einmaleins kannst du prima mit der Lernkartei (s. S. → 38–39) auswendig lernen.

Textaufgaben verstehen

Mathematische Textaufgaben können ganz schön knifflig sein. Meistens ist die Rechnung gar nicht schwer. Nur musst du sie zwischen den Worten erst einmal finden! Das geht, wenn du nach einem festen Plan Schritt für Schritt vorgehst.

Die Aufgabe lesen und verstehen

Lies die Aufgabe zunächst sehr sorgfältig durch. Frage dich: **Was ist gefragt? Was wird gesucht? Unterstreiche** alle Infos dazu mit einer Farbe.

Frage dich nun: **Was ist gegeben? Welche Infos habe ich? Markiere** alle Wörter, Sätze und Zahlen dazu in einer **anderen Farbe.**

Beispiel: Lasse lernt englische Vokabeln. Er lernt Montag 7, Dienstag 11, Mittwoch 14 und Donnerstag genauso viele wie am Dienstag. Am Freitag wiederholt er alle Vokabeln. Wie viele sind das?

Markiere in dieser Textaufgabe die wichtigen Informationen mit zwei Farben.

Die Rechenart finden

Nun musst du die passende Rechenart finden.

- Ist nach einer **Gesamtmenge** gefragt, musst du **addieren** (zusammenzählen).
- Kommt in der Aufgabe ein **Rest** vor, musst du **subtrahieren** (abziehen).
- Wird nach einem **Vielfachen** gefragt, ist **multiplizieren** (malnehmen) angesagt.
- Und wird in der Aufgabe etwas **verteilt** oder **aufgeteilt**, musst du **dividieren** (teilen).

Schreibe dann die Aufgabe auf. Wenn es dir hilft, schreibe zuerst einen ganzen Satz und dann eine **Rechnung.**

Beispiel: In der Aufgabe ist nach allen Vokabeln, also einer Gesamtmenge gefragt. Du musst addieren.

Die Aufgabe ist: Wie viel sind 7 und 11 und 14 und 11 Vokabeln?

Rechnung: 7 + 11 + 14 + 11 =

Rechnen und antworten

Rechne die Aufgabe aus. Kontrolliere deine Zahlen auf **Abschreibfehler** und **überschlage** das Ergebnis, um es zu überprüfen. Schreibe das Ergebnis in einen **vollständigen Antwortsatz**.

Beispiel: 7 + 11 + 14 + 11 = 43

Antwort: Lasse wiederholt am Freitag 43 Vokabeln.

Manchmal hilft es bei Textaufgaben auch, eine **Zeichnung** zu machen, zum Beispiel wenn eine Strecke oder Fläche gefragt ist.
Andere Textaufgaben lassen sich mit einer **Tabelle** besser verstehen. Bei der Aufgabe mit Lasses Vokabeln sähe die zum Beispiel so aus wie unten. Anhand der Tabelle findet man leichter heraus, wie viele Vokabeln Lasse Donnerstag gelernt hat und was eigentlich die Frage ist.

Tag	**Vokabeln**
Montag	7
Dienstag	11
Mittwoch	14
Donnerstag	wie Dienstag
Freitag	?

Schreibe die folgende Textaufgabe auf ein Blatt kariertes Papier. Übe den Lösungsweg. Schaffst du es?

Beispiel: Ole kauft sieben Packungen Fußballsticker. Er bezahlt 4,55€. Björn kauft 13 Packungen. Wie viel bezahlt er?

Tipp: Rechne zuerst aus, wie viel eine Packung Sticker kostet.

Kampf den Rechenfehlern

Wie nach dem Schreiben musst du auch nach dem Rechnen alles sorgfältig kontrollieren. Mit diesen Tricks geht das leichter.

Abschreibfehler finden

Lege das Aufgabenblatt und dein Rechenblatt nebeneinander. Nimm zwei Stifte oder deine Hände und **decke die Aufgaben** auf beiden Blättern **zu. Decke** nun **eine Ziffer nach der anderen auf**. Vergleiche, ob Aufgabe und Rechnung übereinstimmen.

Beispiel: Auf dem Aufgabenblatt steht: 483–124 + 63 + 19–112 =

Auf deinem Rechenblatt steht: 483–142 + 63 + 19–121 = 302

Findest du Abschreibfehler? Wenn ja, wie lautet die richtige Lösung?

Überschlagen

Überschlagen heißt, dass du im Kopf **ungefähr** ausrechnest, wie groß das Ergebnis ist. **Runde** dazu die Zahlen **auf oder ab**. Wenn dein Ergebnis sehr weit weg vom überschlagenen Wert liegt, solltest du noch einmal nachprüfen.

Beispiel: Auf dem Aufgabenblatt steht: 613–211 - 55 - 30 + 181 =

Überschlagen sind das: 610–210 - 60 - 30 + 180 = 490

Auf deinem Rechenblatt steht: 613–211 + 55 - 30 + 181 = 608

Das sollte dich stutzig machen! Rechne deine Aufgabe noch einmal nach. Wenn du auf das gleiche Ergebnis kommst, dann überprüfe sie auf Abschreibfehler.

4. Sachunterricht und Naturwissenschaften

Informationen entschlüsseln: Sachtexte

Sachtexte liest du in fünf Schritten. Stelle dir das vor wie eine Zugfahrt zu fünf Bahnhöfen. Wenn du aus dem Sachtexte-Zug aussteigst, hast du den Text sicher verstanden!

1. Bahnhof: Überfliegen

Wandere mit den Augen locker über den Text. Lies keine ganzen Sätze, sondern achte auf Überschriften, Absätze und sich wiederholende Schlüsselwörter.

Beispiel: **Tiere im Winter**

Die Tiere haben verschiedene Möglichkeiten, um den kalten Winter zu überstehen. Viele Säugetiere bekommen ein wärmeres Winterfell. Dazu gehören unsere Haustiere, die Pferde, genau wie wilde Bären und Damhirsche. Einen Wintervorrat an Futter legen sich Eichhörnchen und Mäuse an.

Einige Tierarten verbringen den Winter in Winterruhe, Winterschlaf oder Kältestarre. Das ist wie leichter, tiefer und ganz fester Schlaf. Aus der Winterruhe wachen die Tiere zwischendurch auf, aus der Kältestarre nicht.

Manche Vögel ziehen im Winter in wärmere Gegenden. Störche sind zum Beispiel Zugvögel und fliegen jedes Jahr bis ins ferne Afrika.

2. Bahnhof: Fragen

Überlege, welches Thema der Text hat. Schreibe Fragen auf, die der Text vielleicht beantwortet. Benutze die W-Fragen: wer, wie, was, wo, wann warum?

Beispiel: **Thema: Tiere im Winter**

Fragen: Wie überleben Tiere den kalten Winter? Wo finden sie Futter? Welche verschiedenen Möglichkeiten gibt es dafür?

3. Bahnhof: Lesen und Markieren

Lies den Text nun langsam und sorgfältig durch. Markiere wichtige Informationen, besonders wenn sie Antworten auf deine Fragen geben. Unterstreiche Wörter und Sätze, die du nicht verstehst, in einer anderen Farbe.

4. Bahnhof: Zusammenfassen

Fasse jeden Absatz in ein bis zwei Sätzen zusammen – das geht mündlich oder schriftlich.

Wenn noch Wörter oder Sätze unklar sind, dann schlage sie jetzt in einem Wörterbuch nach oder bespreche sie mit einem Mitschüler, Lehrer oder Elternteil.

Beispiel: Es gibt verschiedene Möglichkeiten, wie Tiere den Winter überstehen.

Säugetiere bekommen oft ein warmes Winterfell oder legen einen Futtervorrat an.

Manche Tiere fallen in Schlaf: Winterruhe, Winterschlaf und Kältestarre.

Zugvögel ziehen in wärmere Gegenden.

5. Bahnhof: Stichwortzettel anlegen

Notiere deine Zusammenfassungen und die unterstrichenen Infos aus dem Text auf einem Zettel. Wiederhole damit – mündlich oder schriftlich – die wichtigsten Informationen des Textes. Berichte anderen von dem Text.

Für den Stichwortzettel ist auch ein Bild prima geeignet. Du kannst malen, was Wichtiges im Text vorkommt, oder eine Mindmap anlegen (s. S. → 42–43). Oder du erstellst ein eigenes Schaubild oder eine Tabelle.

Informationen entschlüsseln: Diagramme, Tabellen und Schaubilder

Im Sachunterricht der Grundschule und in den naturwissenschaftlichen Fächern der weiterführenden Schule bekommst du das Wissen häufig in Form von Diagrammen, Tabellen oder Schaubildern angeboten.

Der Vorteil daran: Sie brauchen **wenig Platz** für komplizierte Informationen und Zusammenhänge. Der Nachteil: Es steht wirklich **nur das Allerwichtigste** darin – und das muss man finden und richtig verstehen.

Diagramme und Tabellen verstehen

Diese Dinge sehen auf den ersten Blick oft komplizierter aus als sie sind. Betrachte das Diagramm/die Tabelle in kleinen Schritten, dann verstehst du es gut.

- **Überschrift**: Diese verrät dir das Thema des Diagramms/der Tabelle.
- **Beschriftung**: Die Beschriftung an der waagerechten und senkrechten Achse eines Diagramms und über den Spalten oder Zeilen einer Tabelle zeigt dir, welche Informationen du wo findest.
- **Zahlen**: Es ist wichtig zu wissen, was für Zahlen dargestellt sind: Prozent-Angaben oder Euro, Meter oder Zeiten oder ...
- **Inhalt**: Die genauen Inhalte oder Ergebnisse kannst du im Diagramm/in der Tabelle ablesen. Schreibe sie in ganzen Sätzen auf.
- **Erklärung**: Überlege, ob dir eine Erklärung für eine Zahl/einen Inhalt einfällt. Schreibe ebenfalls in ganzen Sätzen.

Enthält die Beschriftung des Diagramms oder der Tabelle schwieriger Wörter? Dann zück dein Lexikon und schlage sie nach.

Beispiel:

Der jährliche Niederschlag in München

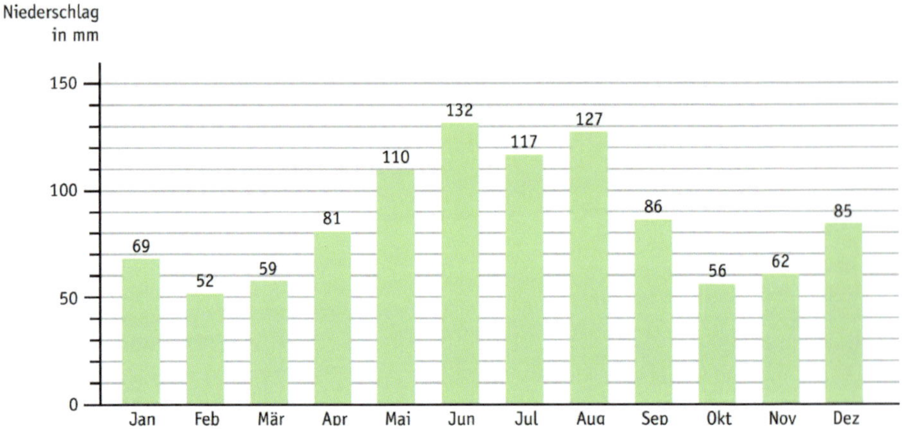

Schaubilder

Bei einem Schaubild gehst du ähnlich vor. Betrachte zunächst die **Überschrift** des Schaubilds. Lies dann **Beschriftungen** im Bild. Achte besonders auf **Pfeile** oder **Linien** zwischen den **Bildteilen**. Überlege, welche **Zusammenhänge** dadurch dargestellt werden. Beschreibe das Schaubild in ganzen Sätzen. Versuche, nichts zu vergessen.

5. Fremdsprachen

Vokabeln lernen

In Englisch, Französisch, Latein und den anderen Fremdsprachen gibt es besonders viel zu lernen: die Vokabeln! Wöchentlich kommen im Unterricht neue dazu. Außerdem wollen die alten wiederholt werden, denn du brauchst sie, um in der Schule mitzukommen. Mit diesen Lerntricks fällt es dir viel leichter!

Feste Lernzeiten

Lege für die Vokabeln persönliche Lieblingslernzeiten fest, am besten **drei Zeiten am Tag**. Jeweils zwei bis fünf Minuten sind völlig ausreichend. Das kann zum Beispiel morgens nach dem Frühstück sein, mittags nach dem Essen, nachmittags vor dem Abendbrot oder abends beim Zähneputzen. Welche Zeiten passen dir am besten?

Nutze sie (von Montag bis Freitag) **jeden Tag** zum Lernen von Vokabeln. Lerne in jeder Zeit **sechs neue** Vokabeln oder wiederhole **zwölf alte**. Auf diese Art und Weise schaffst du eine Menge.

Lerne nicht mehr als sechs bis sieben neue Vokabeln auf einmal (s. S. → 33).

Abwechselnde Lernorte

Deine Lieblingslernzeiten für Vokabeln stehen fest, aber bei den Orten solltest du Abwechslung spielen lassen. Hier einige Vorschläge:

- **am Schreibtisch**: Vokabeln abschreiben, mit der Lernkartei (s. S. → 38–39) arbeiten
- **mitten in deinem Zimmer**: Vokabeltheater erzählen und spielen (s. S. → 68)
- **an einer Pinnwand oder anderen Wand**: Hier hängst du Zettel auf mit Vokabeln, die du immer wieder vergisst – das kann in deinem Zimmer sein, aber auch im Bad, neben der Haustür oder am Kühlschrank. Hauptsache: Du kommst häufig vorbei und lernst die Vokabeln sozusagen im Vorübergehen.
- **vor den Eltern**: Lasse dich ab und zu von deinen Eltern abfragen. Dabei spielen sie den Lehrer und du dich selbst in der Schule. Du kannst dabei sitzen oder stehen. Schaue den „Lehrer" an und sprich höflich und deutlich mit ihm. Eine prima Übung für den Unterricht!

Aktiv lernen

Lesen, hören, sehen, reden, machen – je **mehr Sinne und Arbeitsmethoden** du nutzt, umso leichter behältst du die Vokabeln. Nutze daher **verschieden Wege**:

- Vokabeln lesen und laut sprechen,
- Vokabeln aufschreiben, auch mehrmals,
- ein kleines Bild oder eine Skizze zu jeder Vokabel machen,
- eine Vokabel nachspielen,
- Eselsbrücken bauen: *match* klingt wie Matsch und bei einem wilden Fußball-Match wird es auch mal matschig.

Das Vokabeltheater

Baue deine Vokabeln in eine **Geschichte** ein. Wichtig dabei: Denke dir die Geschichte nicht nur aus, sondern **spiele Theater**: Laufe herum, zeige, benutze Hände und Arme, mache Gesichtsausdrücke – natürlich alles passend zu deinen Vokabeln.

Je nachdem, wie gut du die Sprache schon kannst, kannst du die Vokabeln in eine deutsche Geschichte einbauen oder komplett in der Fremdsprache erzählen.

Beispiel: Du sollst für Englisch die Vokabeln: *neighbour, smile, happy, shower, go* und *tooth brush* lernen. So könnte deine Geschichte aussehen; rechts daneben steht immer, wie du dein Vokabeltheater lebendig gestalten kannst:

Heute Morgen bin ich aufgewacht und war total *happy*.	glücklich auf und ab hüpfen
Ich nahm die *tooth brush* und schrubbte mir die Zähne,	Zähne putzen spielen
dann stellte ich mich in die *shower*.	duschen spielen
Ich *go-went-gone* nach draußen,	marschieren
wo ich meinen *neighbour* Jim traf.	jemandem winken
Er ist so nett! Ein breites *smile* lag auf meinem Gesicht.	breit grinsen

Noch mehr Tipps zum Üben und Wiederholen findest du in Kapitel A.6. (s. S. → 34–35).

Grammatik verstehen

Auch für die Grammatik musst du in den Fremdsprachen eine Menge lernen. Aber tröste dich: In vielen Bereichen sind sich die deutsche und die englische Grammatik und die von anderen europäischen Sprachen ähnlich! Hast du sie einmal verstanden, hilft dir das auch in anderen Sprachen.

Ordnung reinbringen

Du weißt schon, dass du den Stoff leichter lernst, wenn du ihn **ordnest** (s. S. → 33). Das gilt auch für die Grammatik. In Englisch kannst du zum Beispiel die Pluralformen (Mehrzahl) der Nomen (Namenwörter) sortieren:

- Plural mit s: *cat – cats, dog – dogs*
- Plural mit anderer Endung: *ox – oxen*
- Plural wie Singular (Einzahl): *fish – fish*
- Plural mit Änderung im Wortstamm: *mouse – mice*

Es kommt dabei immer darauf an, welche Ordnung für dich hilfreich und passend erscheint!

Fremdsprachen soll man sprechen

Sprachen soll man sprechen, klar. Und man lernt sie auch am leichtesten, wenn man sie **selbst spricht, zuhört oder liest**. Versuche also, deine Fremdsprache so viel wie nur möglich zu benutzen. Lies zum Beispiel im Schulbuch Texte, die ihr gar nicht behandelt habt. Wende ein paar einfache Sätze zu Hause an („Salut, ça va?" – „I am fine, thank you."). Lade dir online die Texte deiner englischen Lieblingslieder herunter. Suche in der Bücherei einfache Bilderbücher in der Fremdsprache. Gucke eine Serie in einer Fremdsprache mit Untertiteln.

Je mehr du von der Fremdsprache mitbekommst, umso mehr lernst du auch Vokabeln und Grammatik – und zwar ganz nebenbei.

Register

Effektiv Lernen
mit der Clever Lernbox

SCHULWERKSTATT VERLAG

Die Clever Lernbox

Die Box für Karteikarten im Format DIN A8 basiert auf dem Prinzip der 5-Fächer-Lernkartei.

Damit lernt man effektiv und systematisch Vokabeln, Satzbaustein Formeln usw. Wer dieses geniale Lernprinzip richtig anwendet, verankert das Wissen dauerhaft im Langzeitgedächtnis.

Vom 5-Fächer-Prinzip kann man abweichen und nur mit 2 oder 3 Fächern – in kurzen Zeitabständen – arbeiten, wenn man z. B auf einen Test oder eine Prüfung hin lernt. So lernt man für das Kurzzeitgedächtnis.

Achtung: Am besten die Lerninhalte selbst auf die Kärtchen schreiben, denn das ist schon ein wichtiger Lernschritt. Die Kärtchen sollten dann sicherheitshalber von jemand anderem kontrolliert werden, damit sich keine Fehler einschleichen!

So funktioniert das Lernsystem:

Richtige Antwort: ab ins nächste Fach!

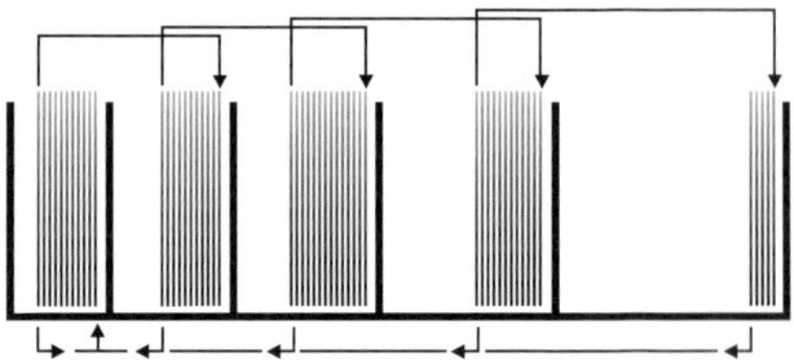

Falsche Antwort: immer zurück in Fach 1!

Blanko-Lernkarten (DIN A8)

100 Karteikarten zum selber Beschreiben gibt es liniert oder kariert.

(Zu bestellen auf der Rückseite dieses Blatts)

Clever Lernbox
5-er Pack, planliegend zum selber Aufbauen
Best.-Nr. 940257-03
Schulwerkstatt-Verlag Karlsruhe © 2014
www.schulwerkstatt-verlag.de

ISBN 978-3-940257-03-1
9 783940 257031